当智慧城市成为现实——

城市将聚人类所有智慧，赋予物以智能；
城市将使人的需求在其中得到最大的尊重和满足；
绿色、数字化、无缝移动链接，以人为本的可持续创新将是其主题内涵；
最终，重塑城市在全球化中的力量。

互联网+城市
INTERNET+CITY

邱道勇◎著

经济管理出版社
ECONOMY & MANAGEMENT PUBLISHING HOUSE

图书在版编目（CIP）数据

互联网＋城市/邱道勇著．—北京：经济管理出版社，2015.5
ISBN 978－7－5096－3775－3

Ⅰ.①互… Ⅱ.①邱… Ⅲ.①互联网络—应用—城市发展战略—研究—中国
Ⅳ.①F299.21－39

中国版本图书馆 CIP 数据核字（2015）第 096844 号

组稿编辑：张　艳
责任编辑：张　艳　赵喜勤
责任印制：司东翔
责任校对：王　淼

出版发行：经济管理出版社
　　　　　（北京市海淀区北蜂窝 8 号中雅大厦 A 座 11 层　100038）
网　　　址：www.E－mp.com.cn
电　　　话：(010) 51915602
印　　　刷：北京晨旭印刷厂
经　　　销：新华书店
开　　　本：720mm×1000mm/16
印　　　张：11.5
字　　　数：152 千字
版　　　次：2015 年 6 月第 1 版　2015 年 6 月第 1 次印刷
书　　　号：ISBN 978－7－5096－3775－3
定　　　价：39.80 元

前言：在互联网时代互联网技术引领城市未来

2015 年"两会"期间出台的"互联网＋"行动计划，开启了新一轮改革开放战略进程。该行动计划旨在充分发挥互联网在生产要素配置中的优化和集成作用，将互联网的创新成果深度融入经济社会各领域，提升实体经济的创新力和生产力，形成以互联网为基础设施和实现工具的更广泛的经济发展新形态。"互联网＋"将重点促进以云计算、物联网、大数据为代表的新一代信息技术与现代制造业、生产性服务业等的融合创新，而"互联网＋城市"就是在现代城市建设中融合创新的具体体现。"互联网＋城市"将互联网技术、大数据应用于城市规划与建设，在互联网时代引领城市未来，造就未来感十足的城市生活。

"给我一个支点，我将撬动地球。"这是希腊哲学家阿基米德流传至今的名言，这句话不仅生动诠释了物理学原理，也给了人们城市建设方面的启示：只要找准发力点，看似不可能的事情也会出现奇迹。更确切地说，这个支点来自互联网技术、大数据应用。能够"撬起一座城市"的互联网技术和大数据串联了真实世界与数字世界，具有兼顾个性化与社会统筹的特征。以大数据为例，以大量数据为依托告诉领导者或决策者事实方面有什么，表明了过去那种事先很强的主观规划性。过去在拟定城市建设规划的时候，有很强的人为组织性，安排了很多资源，但是一旦利用价值意义衡量，常常是"拍脑门"决定的，抽象地为人民服务。道理很简单，它没有一个专业的系统来校正领导者或决策者的做法。而进入互联网时代的城市发展阶段，则有所不同。互联网时代的城市先要建立一个专业化、数据化支持的意义聚焦系统，也就是建立一个目的和手段连接在一起的系统，这便是大数据的价值所在。进一步说，到底我们先做什么，后做什么，怎么做，为什么这么做，都是"有据可循"的。由此，人们不会将资源浪费在一些决策者以为需要、事实上民众不需要的事情上，这才是最扎实地讲实话、办实事，切实有效地为人民服务！

我们居住的城市之所以越来越智能，是因为互联网技术和大数据赋予了城市新的生命力。互联网、智能机器组合成一个"神经系统"，用来支撑庞大的、不断成长的城市中市民的日常生活。那么，如何利用最新的大数据等新一代信息技术将城市建设得更美好？本书以前瞻性视角解读了互联网时代城市的规划、建设及未来。随着互联网的迅猛发展与普及，大数据成为决策与预测问题的新方法和新手段；移动智能设备的普及与应用使互联网时代的城市有了全新的意义。本书内容包括："互联网＋城市"的思想体系；现代城市升级版的智慧城市；城市智库对城市的规划布局；政务效率提升的城市政务；创建和谐人居的公共服务；方兴未艾的城市产业布局；日益创新的城市投融资方式；新常态下房地产业的决胜之路；创建城市文化品牌战略；可持续发展的生态城市。

《互联网＋城市》是一本汇聚智慧和力量的书，它将改变我们对城市的思考，改变城市的发展模式！

目　录

第一章 顶层设计:"互联网＋城市"的思想体系

2015年"两会"期间的政府工作报告,让"互联网＋"的概念如春风吹遍大江南北,吹绿了各大产业。对于已上升到国家层面、正在蓬勃兴起的"智慧城市"建设,借着这阵东风,进入了更高境界。"互联网＋城市"的思想体系,是在互联网技术推进城市传统发展模式转型和全球视野下提出的,对新形势下的城市规划与建设提出了更高的要求,为创造城市美好未来开辟了广阔的前景。

◎互联网颠覆城市传统发展模式

随着互联网的不断发展,信息共享,协同合作,居家购物,移动商务,打破了时间与空间局限,改变了人们的生活模式,城市传统发展模式也将受到重要影响。非互联网理念下的传统发展模式未来会造成城市空间和资源的浪费,阻碍城市发展,因此已经不能适应如今的互联网时代。那么,如何顺应时代的发展,适应互联网时代,推出全新的互联网城市发展模式呢?

城市传统发展模式中有许多重要设施不能适应互联网时代的要求,比如最为典型的办公楼，从根本上讲它只是为了人们能够朝九晚五在一起工作而提供的一个场地。有时晚上或者周末一栋楼中只有几间在正常上班，但公共区域的空调、电梯仍然需要开启，浪费了大量的电力资源，不利于可持续发展模式的实施。在互联网时代，联网带来了诸多便利，已经不需要大家集中在同一个地方进行办公了，纯高层办公楼性质的城市设施无疑造成了资源的浪费。

在互联网时代，办公模式已然改变，互联网的飞速发展，使得信息共享，交流协作已经不再需要直接面对面交流，网络办公软件、多方视频会议已经完全可以取缔传统的办公模式，尤其是随着移动 4G 的发展，办公更是变得随时随地都可以，时间、地点都已不再是障碍，跨地界办公也不再是梦想。全新一代的网络化办公模式的产生必将导致办公楼市场的颠覆，人们已经没必要集中在一起协同办公，高层办公楼的需求量会不断减少，未来城市规划还是否有必要继续增加办公地产的开发，是一个值得深思的问题。

如果说办公楼只是硬件设施之一，那么城市商业综合体同样面临着互联网的冲击。从城市传统发展角度考虑，购物商场、商业街、林荫路中任何一个项目的建设都需要以万为单位的人流量来支撑运营。如今，淘宝、京东、微信商城等移动电子商务平台已然颠覆了人们的传统消费模式，人们可以随时随地比价购物，快速、优惠、便捷地买到所需产品。

实体商业遭受巨大的冲击，面临即将被颠覆的命运，商业如何转型已经变成很多人关注的问题。很多设计专家都会提议，让客户进行体验式消费。购物中心一层、二层主要是餐饮店和主力店，三层以培训或体验商业模式（如儿童、成人教育中心、"星期八小镇"等）为主，四层以娱乐（如 KTV、电影院和主题电动商城等）为主。原来那种以"逛"联动消费的单一消费模式，已经随着互联网的快速发展面临危机，除非能将城市综合体结合城市交通轨道进行一体设计，从而拥有合理的交通消费流水线，引导大量的流动人群盘活商机。

　　在互联网时代人们开始注重体现个人价值，可以通过网络平台直接展示个人能力，实现点对点直线式服务，已经不需要被固定场地限制，拥有更加自由的生活方式。人们到餐厅准备吃饭，常常会发现店里的装修墙面都挂着一些展示用的作品和摆放用品，旁边的客户正在一边洽谈生意一边用餐，包房里有一组人用手提电脑工作，还有人通过液晶电视、投影仪设备进行会议。服务员穿着西装询问除了点餐之外，是否需要租用包厢开会、工作，或在大堂选择合适位置洽谈生意。类似这样的"主题餐饮＋办公＋展示＋体验用品"的针对性复合消费模式随处可见。另外，有的区间晚上还可以改成吧台、KTV或电影包房经营，为生活和工作相对一致的人群在不同时间段提供不同的消费模式，提供集工作、生活、交流、兴趣爱好于一体的生活平台。

　　城市的餐饮模式也在改变，厨师可以通过互联网展示个人厨艺及相应价格，比如想品尝某种菜系，可以直接通过互联网邀请该厨师直接上门服务，不需要再去门店进行单一消费。

　　在互联网这个信息共享时代，城市中传统的办公及商业模式已经难以满足人们的需求，自由舒适的生活空间将更能引起人的共鸣。因此，城市的发展需要从这个角度出发考虑，不能再盲目地以传统的规划模式发展，而是需要经过深刻的思考，进行创造改变，做出顺应时代的"以人为本"的可持续发展模式，这是任何一座城市能够可持续发展的关键。

◎互联网技术推进城市建设转型

　　21世纪是信息化的时代，互联网技术逐渐体系化并趋于成熟，越来越多的人开始认识到它的巨大作用和无可比拟的地位。在推进城市建设转型的过程中，互联网技术能更好地服务于城市规划，完善城市布局。

互联网技术的广泛应用，对城市的繁荣稳定及可持续发展都有着巨大的促进和推动作用。主要表现在以下方面：城市交通的智能管理与控制；城市资源的监测与可持续利用；城市灾害的防治；城市环境治理与保护；城市通信的建设与管理；城市人口、经济、环境的可持续发展决策制定；城市生活的网络化和智能化。由此可见互联网技术对推进城市建设转型的巨大作用。

那么，什么是互联网技术呢？互联网技术，是指在计算机技术的基础上开发建立的一种信息技术。这一概念的范围包括三层含义，如表1-1所示。

表1-1　互联网技术概念的范围

技术	内容
硬件技术	主要指数据存储、处理和传输的主机和网络通信设备。例如，王先生在网上通过E-mail传递了一份资料给李先生。在这一过程中，王先生上传资料、发送资料、传递资料，以及李先生接收资料等步骤都使用了互联网技术，包括数据的上传、发送、传播、接收和储存
软件技术	包括可用来收集、存储、检索、分析、应用、评估信息的各种软件，它包括我们通常所说的ERP（企业资源计划）、CRM（客户关系管理）、SCM（供应链管理）等商用管理软件，也包括用来加强流程管理的WF（工作流）管理软件、辅助分析的DW/DM（数据仓库和数据挖掘）软件等。在这个层次，人们的着眼点在这些巨量而且至关重要的商业软件上。这些软件的具体使用属于应用层次的范畴，而互联网的衍生物如微信、微博等也属于互联网技术
应用技术	指收集、存储、检索、分析、应用、评估、使用各种信息，包括应用ERP、CRM、SCM等软件直接辅助决策，也包括利用其他决策分析模型或借助DW（视觉化网页开发工具）、DM（快讯商品广告）等技术手段来进一步提高分析的质量，辅助决策者做决策。目前第三层还没有得到足够的重视，但事实却是唯有当信息得到有效应用时IT的价值才能得到充分发挥，也才能真正实现信息化的目标

对于表 1－1 所述三种互联网技术的认知，可谓仁者见仁，智者见智。有人认为，第一种和第二种的结合构成了互联网技术，即依附于硬件主体而得以实现的软件技术就是互联网技术；也有人认为，第二种和第三种的结合构成了互联网技术，即使用软件处理信息的方法以及过程就是互联网技术。其实，所谓互联网技术应当是上述三者的结合，三者是相辅相成、缺一不可的。当然，这些技术只是辅助而不是替代人来决策。信息化本身不是目标，它只是在当前时代背景下实现目标的一种较好的手段。

在初步了解互联网技术的基础上，其组成部分就成了接下来需要了解的部分。一般来说，互联网技术由三大部分组成，如表 1－2 所示。

表 1－2　互联网技术的组成部分

组成	内容
传感技术	指我们能够通过它们感知外界信息的具体体现。人类通过感觉器官来与外界交流信息。例如视觉器官眼、听觉器官耳以及嗅觉器官鼻等都属于感觉器官。缺少任何一项，我们与外界的交流都会受到很大影响。而传感技术就是我们与由信息数据组成的虚拟化世界进行交流所使用的"器官"。通过它们我们能够"看到"数据，"听到"数据，"触摸"到数据等。传感技术是互联网技术存在的前提，是现实世界与虚拟世界的中介，它的重要性毋庸置疑
通信技术	主要指信息或者数据在虚拟世界中传播的途径和凭借。如同我们出行要使用交通工具一样，数据信息在虚拟世界中的传播也离不开载体。例如，一份文件从甲的电脑传递给乙，在这个过程中，先是文件数据化，然后上传，通过互联网光纤的传播传递给乙。通信技术至关重要，是互联网技术得以存在的首要前提，是互联网技术发展并且壮大的基石
计算机技术	计算机技术类似于我们的大脑，承担着分析处理信息的重大责任。没有了大脑，我们就无法思考，与木头无异。而缺少了计算机技术，互联网技术的问题无法得到分析与处理。由此可见，计算机技术是互联网技术的核心内容

　　了解上述互联网技术就是为了使用。在城市规划初期，我们往往要先对目标城市做出深入了解，要全面细致地了解该城市的地理位置、相关发展历史、风俗民情等。互联网技术能够让这些内容高效准确地呈现在我们面前，节省大量的人力物力。同时还可以利用互联网技术来调查城市原住民对城市规划合理的建设性意见，为城市规划提供切实可行的舆论基础。因此，互联网技术在城市规划初期十分重要，不可取代。

　　在城市规划中期，我们往往要制订计划。而计划的制订需要互联网技术的支持。例如，我们需要画出布局图，这就需要我们具备一定的绘图知识以及空间几何的知识。又如，我们需要做出预算，这就需要我们能够较为熟练地操作办公类操作软件。在这个阶段，互联网技术对于城市规划的正常进行更为重要。

　　在城市规划后期，首要任务是保证城市建设的实际情况能够与计划基本一致。在这个阶段，每天的审核与统计等工作都离不开互联网技术。我们可以通过相关知识评测、审查每天的工程进度，并在电脑上精确记录，对比并适时地做出调整与修改。城市规划完成后，我们还需要对城市未来的发展做出规划，这些都需要互联网技术的支持。有了互联网，我们能够了解世界各大城市的规划史，通过分析大量案例总结经验，并分析出一套适合自身的可行性方案。在这个阶段，互联网技术扮演的角色就相当于督察者。此阶段利用互联网技术可以确保城市规划按照预期的水平合理建设。

　　总之，在城市建设过程中，互联网技术可以展现规划方案、规避设计风险、加快设计速度、提供合作平台、加强宣传效果，为我们描绘一个体系完善、功能健全、组织有序的城市信息体系。因此，应该将现有的互联网技术应用到城市规划与建设中来，加速推进城市建设转型步伐。

◎全球视野下的"互联网＋城市"理念

城市是文明发展的产物，城镇化是市场经济发展到一定程度的必然趋势。随着中国社会经济的发展和当今互联网技术的进步，2015年"两会"期间提出的"互联网＋"，是致力于发展新经济形态的政府新政，即将互联网的创新成果深度融入经济社会各领域，提升实体经济的创新力和生产力。为了迎接新一轮改革，"互联网＋城市"理念旨在利用互联网技术调整产业布局，在全球化浪潮中走出一条适合中国的城镇化道路。

"互联网＋城市"理念，是总结和借鉴了世界各国城市建设成功经验后提出的成熟理念，它放眼全球，具有开阔的视野。事实上，近百年来，在乡土经济向工商经济迅速转型的过程中，全球各地的一座座新城市如同雨后春笋般破土而出。在此过程中，城市也面临着暴增的人口、堵塞的交通、恶化的生态、有毒的食物、潜伏的疾病、昂贵的房价以及不可预测的自然灾害等各种自然、社会问题。

每个国家的城市发展自有其社会、历史、地理、文化背景与发展路径。看看美国、日本、德国、韩国、英国、澳大利亚的情况就不难发现这一问题，同时也可以借鉴它们采取的措施。

美国是当今全球最发达的经济体，也是世界上城镇化发展最早和城镇化水平最高的国家之一。尽管美国的城镇化起步早，城镇化水平很高，但美国的城镇化模式却是高成本、高耗能、资源浪费型的。因此，中国的"互联网＋城市"只能从美国模式中总结经验与教训，避免照搬美国模式。例如，洛杉矶就是美国城镇化的最大败笔，因为它的城镇化过度浪费土地资源、长期高耗能、建设成本高，属于典型的低效模式。波特兰、纽约和加州等城市的城镇化模式比较合理高效，有值得借鉴的地方。

波特兰是美国区域规划运用的成功案例，是可持续发展城镇化模式的范例，特别是其合理的城市土地规划和可不断更新的城市交通系统和能源体系。波特兰以其"城市扩展边界计划"著称，该计划有效地遏制了城市无计划的扩张。在20世纪30年代美国经济大萧条期间，土地使用规划倡导者、先驱刘易斯·芒福德将"城市建设是为了人而非车"的理念引入了波特兰的城镇化建设中。该城市的建设宗旨是控制市中心的人口规模。为了实现这一目标，波特兰汇聚了地区规划和管理的学院派人士，共同调研土地规划使用和可持续发展的城市交通。早期的调研支撑了该城市几十年的可持续城镇化建设。仅从绿色出行来看，与美国其他城市相比，波特兰居民使用公共交通上班的人数比其他城市多得多。

纽约和加州都是制订和执行建筑规范的典范。加州强制推行《加州绿能建筑标准》，该标准为加州兴建的新建筑物制定了一系列可持续的衡量措施，包括强制减少用水量，使用污染排放较低的油漆、地毯、地板和其他材料。《加州绿能建筑标准》还要求填埋处理的建筑垃圾必须减少50%，当地官员必须监督能源管理系统以确保供暖、通风以及空调系统达到能效标准。

日本作为当今亚洲地区城镇化程度最高的国家之一，其城镇化已经有百余年，其间既积累了许多成功经验，也经历过不少挫折坎坷。例如北九州市，数十年钢铁工业发展所造成的环境污染、城市规模的骤然增大带来的"消化不良"以及经济高速增长所产生的"城市病"，严重困扰北九州这座年轻城市的生存和发展。在此后整整半个世纪里，将"钢铁之都"变为"绿色之都"成了北九州市矢志不渝的目标。北九州市充分运用现代科技成果，特别是当代IT、新能源、新材料等领域的最新技术，摸索出了一条"以智能化推进城镇化"的道路。运用最新的IT智能控制技术，"地区节电所"实时掌握着北九州市各个区域的电力供给和需求情况，并且能够通过调用气象资料和历史记录等方式，智能化地预判所在地区的电力消耗高峰和低谷，然后相应地上调和下调电力消耗高峰和低谷时期的电价。随时波动的电价信息通过无线通信网络被即时传递到每户居民家中的智能平板电脑上，居民将据此自觉地错开用电高峰，从而达到节约电力和平抑地区用电量峰谷差的目的。同时，北九州市还兴建了一批"加氢站"，为使用氢气作为能源的燃料电池汽车提供"加氢"服务。2012 年，北九州市被经济合作开发机构（OECD）确定为亚洲地区首座"绿色成长型城市"。

德国大城市的盲目发展已经形成公共服务供应紧张、交通拥堵、房价高企、污染严重、犯罪增多等一系列负面效应和诸多社会问题。因此小城镇与产业集群融合发展是德国小城镇发展的方向。德国中部小城比特弗尔德沃尔芬（以下简称比沃市），就是一个以化工园区推动小城镇建设，实现产业集群与小城镇互动提升的成功例子。化工园区在规划时不仅强调功能完整、布局合理，而且对交通、通信、排污等公共设施建设提出很高标准。现代化工产业集群促进了比沃市的区域经济发展，也成为萨安州经济的增长点。比沃市失业率明显低于其他德国东部地区，在化工园区工作的小城居民占全城人口的1/4。每一个新项目工程上马之前，从资金技术到环保安全措施必须公示，以极大的透明度获得老百姓的信任，只有百姓认同了，项目才能上马。如今的比沃市虽与化工园区比邻而居，却感觉不到传统化工业对人的影响。相反，这里鸟语花香、空气清新。

韩国的城镇化一开始与工业化无关，主要是战争破坏和依赖美援进口粮食，导致韩国大批农民失去土地，涌入城镇谋生。为推进城镇化健康发展，韩国政府在核心城市建卫星城，大力发展中小城市，并开展具有特别重要意义的"新农村运动"。鉴于首尔无法应对外来人口的大量涌入，韩国在 20 世纪 70 年代初借鉴欧美经验，提出了"建设卫星城市"方针，兴建了城南、龙仁等10座卫星城,通过轨道交通与首尔市内的交通线对接,形成了包括首尔、仁川和京畿道在内的首都圈。这一发展模式大大缓解了首尔的人口压力。韩国政府还制订了一系列政策,确保对农村土地的征用和合理补偿。持续快速的城镇化和工业化,迫使韩国政府采取一系列措施来增加土地供给。对于土地补偿,韩国遵循了"谁开发,谁补偿"、现金支付、确保一次性到位和公平分配的原则。合理有序地开发农村土地,使韩国的城镇化率得以进一步提升。

英国城镇化的成功经验有以下几个:①工业革命的大力拉动;②注重"政府引导、市场拉动和民众参与"堪称"三位一体"的城镇化推进模式;③在具体实践操作层面,不断出台和强化各项立法,让法律在推进城镇化建设的进程中扮演主角,通过法律的调节,对城镇化进程进行"纠偏"和"防误"。在英国的城镇化过程中,政府主要通过行政手段如财税调节、规划督导等,对城镇化的发展规模、发展进程、发展速度等进行因势利导和宏观调控,使城镇化整体进程在"健康、有序和充满生机的轨道内进行"。例如,某一行业发展过快,而负面波及另一行业的发展时,政府就会实行"行政干预"机制,以维护城镇化进程整体推进过程中所需要的产业结构平衡。在这方面,立法是英国城镇化中的一个利器,先后颁布40多部与城镇化建设有关的法律、法规。经过多年实践,终于把城镇化进程的环境代价降到了最低。许多伦敦人宁愿住在小城镇,而不愿待在大城市,因为小城镇空气新鲜,风景优美,适宜生活。

澳大利亚是一个高度城镇化的国家。被称为澳大利亚"城市的心脏"的悉尼城始建于1842年,其城镇化的快速发展和"蔓延式"模式也导致了许多突出的问题:人口快速聚集和膨胀;环境遭到严重破坏;"蔓延式"发展不仅导致与基础设施建设、垃圾处理、自然资源利用和能源消耗相关的经济和环境成本的增加,也使原来的城镇区域出现"衰退";远离"城市中心"

的区域由于不能充分享有城市的好处,也会加剧"平等缺乏",成为问题多发区。为应对城市衰退的挑战,澳大利亚各级政府已经出台了一些相关住房和规划政策,防止人口过度向远郊扩散,使原先的城区建筑、道路和公共场所恢复活力,使更多的人享受到城镇的这些服务,减少基础设施浪费和不平等感等问题。

中国的城镇化迈进也面临诸多难题,考量着管理者的智慧。面对全球各地新城建设中存在的问题,中国的"互联网＋城市"理念强调以人文价值为核心进行城市规划,利用互联网技术实现这一目标。在这方面,许多智库机构做出了积极的探索,例如北大资源集团。

北大资源集团是方正集团旗下专门从事房地产开发、教育投资、商业地产运营、物业经营管理等业务的综合性房地产控股集团。它们将自己定位为资源整合型城市运营商,企业价值观是"追求卓越,诚信守责,和谐共赢",口号是"资源成就价值",坚持走差异化的发展路线,业务包括教育地产、健康地产、科技地产、金融地产、商业地产等,打造具有显著人文、科技和绿色概念的教育社区、文化社区、数字社区和健康社区等特色社区。

北大资源集团依托北京大学和方正集团,通过有效配置和整合教育、IT、医疗、金融等领域的内外部优质资源,提升自建项目的社区生活品质和城市价值,同时,通过战略合作,服务于外部开发商的地产项目,最终成为中国特色城市运营模式的开拓者和领跑者。在商业开发的同时,北大资源集团深入挖掘北大深厚的人文底蕴,致力于构筑新文化社区与新文化城市,以营建文化设施、发起文化活动、塑造文化氛围等方式,为中国城市及城市居民创造更有文化品质、更宜居、更具幸福感的生活。

新型城镇化的重要"抓手"是在自然与社会和谐的基础上,合理有效提高土地使用效率或者容积率,将城市打造成适合居住、工作、休闲的立体化人文空间。新型城镇化的建设与发展,需要能源、资源、建筑、环保、加工制造等领域的技术变革与科技创新，与理念、技术、产业升级的新型工业化相结合，走出传统意义上社会发展与能源、资源消耗保持正向关系的"死胡同"。现在提出的"互联网＋城市"理念，就是利用互联网技术调整产业布局，走城市人文环境与生态环境相结合，城市发展与资源再利用相结合，城市能源消耗与信息化管理相结合，城市生活与农业、产业发展相结合的新理念，探索内涵式发展、可持续发展的新型城镇化之路。

◎ "互联网＋" 下城市规划与建设的原则

城市规划与建设的含义包含两方面，即城市规划和城市建设。城市规划是指根据城市的地理环境、人文条件、经济发展状况等客观条件制订适宜城市整体发展的计划，从而协调城市各方面发展，并进一步对城市的空间布局、土地利用、基础设施建设等进行综合部署和统筹安排的一项具有战略性和综合性的工作。城市建设是指政府主体根据规划的内容，有计划地实现能源、交通、通信、信息网络、园林绿化以及环境保护等基础设施建设，是将城市规划的相关部署切实实现的过程，一个成功的城市建设要求在建设的过程中实现人工与自然的完美结合，追求科学与美感的有机统一，实现经济效益、社会效益、环境效益的共赢。

城市规划的原则，是正确处理城市与国家、地区、其他城市的关系，城市建设与经济建设的关系，城市建设的内部关系等的指导思想。"互联网＋"下的城市规划，需要遵循整合原则、经济原则、安全原则、美学原则和社会原则，如表 1 - 3 所示。

表1－3 "互联网＋"下的城市规划需要遵循的原则

原则	含义
整合原则	城市规划要坚持从实际出发，正确处理和协调各种关系的整合原则：①应当使城市的发展规模、各项建设标准、定额指标、计费程序同国家和地方的经济技术发展水平相适应。②要正确处理好城市局部建设和整体发展的辩证关系。要从全局出发，使城市的各个组成部分在空间布局上做到职能明确、主次分明、互相衔接，科学考虑城市各类建设用地之间的内在联系，合理安排城市生活区、工业区、商业区、文教区等，形成统一协调的有机整体。③要正确处理好城市规划21世纪中近期建设与远期发展的辩证关系。任何城市都有一个形成发展、改造更新的过程，城市的近短期建设是长期发展的一个重要组成部分，因此，既要保持建设的相对完整，又要科学预测城市远景发展的需要，不能只顾眼前利益而忽视了长远发展，要为远期发展留有余地。④要处理好城市经济发展和环境建设的辩证关系。注意保护和改善城市生态环境，防止污染和其他公害，加强城市绿化建设和市容环境卫生建设，保护历史文化遗产、城市传统风貌、地方特色和自然景观；不能片面追求经济效益，以污染环境、破坏生态平衡、影响城市发展为代价，避免重复"先污染，后治理"的老路，而要使城市的经济发展与环境建设同步进行。人与环境是相互依存的有机整体，保持人与自然相互协调，既是当代人的共同责任，也是城市规划工作的基本原则
经济原则	城市规划要坚持适用、经济的原则，贯彻勤俭建国的方针，这对于中国这样一个发展中国家来说尤其重要。①要本着合理用地、节约用地的原则，精打细算，珍惜城市的每一寸土地，尽量少占农田、不占良田。土地是城市的载体，是不可再生资源。我国耕地人均数量少，总体质量水平低，后备资源不富裕，必须长期坚持"十分珍惜和合理利用每寸土地，切实保护耕地"的方针。②要量力而行，科学合理地确定城市各项建设用地和定额指标，对一些重大问题和决策进行经济综合论证，切忌仓促拍板，造成不良后果。我国城市在发展过程中，资源占用与能源消耗过大，建设行为过于分散，浪费了大量宝贵的土地资源。因此，在城市发展中要把集约建设放在首位，形成合理的功能与布局结构，加大投资密度；改革土地使用制度，实行有偿使用和有偿转让；处理好土地批租单元的改进、产权分割下成片开发的组织形式，增强对城市发展中可能出现的矛盾的预见性，为城市更新预留政府控制用地，以实现城市的可持续发展

原则	含义
安全原则	安全需要是人类最基本的需要之一。因此，城市规划要将城市防灾对策纳入城市规划指标体系。①城市规划应当符合城市防火、防爆、抗震、防洪、防泥石流等要求。在可能发生强烈地震和严重洪水灾害的地区，必须在规划中采取相应的抗震、防洪措施；特别注意高层建筑的防火、防风问题等。②要注意城市规划的治安、交通管理、人民防空建设等问题。如城市规划中要有意识地消除那些有利于犯罪的局部环境和防范上的"盲点"。规划是一门综合艺术，需要按照美的规律来安排城市的各种物质要素，以构成城市的整体美，给人以美的感受，避免"城市视觉污染"。③要注意传统与现代的协调，在保护好城市中有代表性的历史文化设施、名胜古迹的同时，也要注意体现时代精神，包括使用新材料、新工艺，让两者结合"神似"而不是"形似"。④要注意自然景观和人文景观的协调，建筑格调与环境风貌的协调。城市规划需要通过对建筑布局、密度、层高、空间和造型等方面的干预，体现城市的精神和气质，满足生态的要求
社会原则	所谓社会原则，就是在城市规划中树立为全体市民服务的指导思想，贯彻有利生产、方便生活、促进流通、繁荣经济、促进科学技术文化教育事业的原则，尽量满足市民的各种需要。①设计要注重人与环境的和谐。人是环境的主角，让建筑与人"对话"，引入公园、广场成为市民交流联系的空间，使市民享受充分的阳光、绿地、清新的空气、现代化的公共设施、舒适安全的居住环境，这种富有生活情趣和人情味的城市环境，已成为世界上许多城市面向21世纪的规划和建设的目标。②要大力推广无障碍环境设计。城市设施不仅要为健康成年人提供方便，而且要为老、弱、病、残、幼着想，在建筑出入口、街道商店、娱乐场所设置无障碍通道，体现社会高度文明。我国目前和将来都是老人和残疾人较多的国家，在城市中推广无障碍设计，其意义尤为重要

　　"互联网+城市"理念重在建设智慧城市，在新一轮改革大潮中，智慧城市更应该遵循城市建设原则。2014年8月29日，国家发展和改革委员会、工业和信息化部等八部委联合发布《关于促进智慧城市健康发展的指导意见》，明确提出智慧城市建设的四个基本原则，如表1-4所示。

表1-4　智慧城市建设的四个基本原则

原则	内容
以人为本，务实推进	智慧城市建设要突出为民、便民、惠民，推动创新城市管理和公共服务方式，向城市居民提供广覆盖、多层次、差异化、高质量的公共服务，避免重建设、轻实效，使公众分享智慧城市建设成果
因地制宜，科学有序	以城市发展需求为导向，根据城市地理区位、历史文化、资源禀赋、产业特色、信息化基础等，应用先进适用的科学技术推进智慧城市建设。在综合条件较好的区域或重点领域先行先试，有序推动智慧城市发展，避免贪大求全、重复建设
市场为主，协同创新	积极探索智慧城市的发展路径、管理方式、推进模式和保障机制。鼓励建设和运营模式创新，注重激发市场活力，建立可持续发展机制。鼓励社会资本参与建设投资和运营，杜绝政府大包大揽和不必要的行政干预
可管可控，确保安全	落实国家信息安全等级保护制度，强化网络和信息安全管理，落实责任机制，健全网络和信息安全标准体系，加大依法管理网络和保护个人信息的力度，加强要害信息系统和信息基础设施安全保障，确保安全可控

　　想要让城市能够承载提高人民生活水平和提高我国经济水平的任务，就必须有一套科学合理的城市规划方案，这样才能让我国的城市化发展进程少走弯路，少付代价。"互联网＋城市"规划与建设的原则，主要是在规划指导下，进行不断建设和有效的管理。规划是城市发展的"龙头"，是建设与管理的直接依据；建设是城市发展的基础，是规划和管理的具体实施和前提条件。城市的规划与建设是相辅相成、相互促进、缺一不可的。认真研究并处理好两者之间的关系，对城市的发展具有十分重要的意义。

◎ "互联网＋城市" 创造城市美好未来

　　信息革命带来的不仅仅是产业的转变，人类的生活方式也日益向信息化、数字化、网络化转变。当人们憧憬不断发展的信息技术所带来的美好未来时，必须思考并回答一个时代命题：信息技术的本质在于为人类服务，要让信息技术真正为人类创造城市生活的美好未来。而"互联网＋城市"理念的提出，承载着提高人民生活水平和提高我国经济水平的美好梦想，反映了政府层面和有识之士创造城市美好未来的共同愿望和坚定意志。

互联网技术是城市建设不可或缺的关键因素，在科学的城市规划与建设中，技术决定了未来城市的面貌。新一代互联网、云计算、智能传感、通信、遥感、卫星定位、地理信息系统等技术的结合，将可以实现对一切物品的智能化识别、定位、跟踪、监控与管理。也就是说，建设智慧城市在技术上已成为可能。

智慧城市不是空中楼阁，必须建立在海量的、精确的、动态的地理信息数据基础上。换言之，智慧城市是城市信息化的高级阶段，没有测绘地理信息就无法建成智慧城市。

目前我国测绘地理信息部门正在积极构筑海陆空天地一体化的高精度、实时化地理信息获取能力，使大地测量从静态到动态、从地基到天基、从区域到全球发展，推动航空航天遥感朝"三多"（多传感器、多平台、多角度）和"四高"（高空间分辨率、高光谱分辨率、高时相分辨率、高辐射分辨率）方向发展，通过卫星发射组网进行全天时、全天候观测。这是建设智慧城市的基础所在、根本所在。

"天地图"网站建设集成了海量基础地理信息资源，还有全国 300 多个地级以上城市 0.6 米分辨率卫星遥感影像，地名地址数据总量超过 2100 万条，可向政府、企业和公众提供权威的"一站式"地理信息服务；"天地图"各节点间的互联互通和协同服务正在形成，将为推动智慧城市建设提供网络支撑。

在装备能力上，资源三号卫星成功发射，定位精度达到国际先进水平，结束了长期以来我国高精度测绘遥感数据完全依赖国外卫星的历史。我国卫星导航数据处理软件已经处于国际前列。全国省级测绘地理信息部门普遍配备了无人飞行器航拍系统，部分地区还配备了国家地理信息应急监测系统，可为推动智慧城市建设提供技术服务。

在地理信息资源获取上，我国将形成高精度、三维、动态、陆海统一、几何基准与物理基准一体的现代测绘基准体系，使现有测绘基准体系的成果得到全面提升；同时，我国正在展开首次地理国情普查和监测，将为推动智慧城市建设提供资源保障。

下一步，国家测绘地理信息局将以加快智慧城市时空信息云平台建设试点进程为切入点，通过开展时空数据建设、云服务系统开发、支撑环境完善和典型应用示范等试点工作，为智慧城市、智慧区域和智慧中国建设奠定基础。

我国智慧城市有如下标志：位置标注精确；地理信息翔实；网络互联互通；信息传输快捷；智能交通灵敏；智能绿化养护节能；社会管理人机互动；政府监管阳光透明；市情监控报警提示；物流配送职能通畅；家庭智能化；社会诚信度高；信息反馈有效；数据检索方便；语音化程度高。

根据我国国情，可以预想，未来我国的智慧城市将至少出现以下情况：

（1）在道路出行方面，先进的软件系统与城市交通系统联网，在各交通要道布下天罗地网，实时掌握动态客流情况，精确预判车流从哪里来，车辆导航系统将科学引导疏导车辆运行，能大大提升通行效率，使现有交通设施效能最大化减少拥堵等待时间，减少汽车尾气排放。

（2）在智能医疗方面，各家医院分门别类地显示在地图上，只要在家登录智能医疗系统，任意点击一家医院，该医院的专业特色、坐诊医生，甚至当前床位数立刻呈现在眼前。病人可以根据自身需求，在网上挂号并预约就诊时间和医生。如果病情紧急需要到医院就诊，还可以利用路线导航，选择最近的一条线路到达医院，或者查询并联系周边闲置的救护车去医院就诊。

（3）在城市安全方面，通过智能化的城市安全与减灾系统，可以随时掌握灾害发生的位置、区域、类型，并通过地理信息技术确定、研判灾害现状及其影响范围，确保报警、灾害信息传递和有效利用。建立高科技的智能监控和预警系统，使罪犯无处遁形。

（4）在"智慧养老"方面，建立起包括一键式养老服务热线、一键式紧急救助呼叫系统等在内的养老综合信息服务平台，老年人只需佩戴一个有按钮的贴身传感器，需要时按下按钮，即可快速传递诉求及所在的实时位置（如求助、精神慰藉、娱乐诉求等），这些信息将及时传递给家人或社区工作人员。

（5）在城市管理方面，"智慧城市"将利用智能传感网实现公共设施在线监测，公共设施从位置到数量、尺寸到形状，都将获得自己的"身份证"，如井盖丢失了、护栏损坏了、路灯不亮了、垃圾乱堆乱放等，都会在最短时间内得到有效处置。

互联网技术创造的城市未来，让百姓的生活更美好！

第二章　智慧城市：互联网技术
打造现代城市升级版

互联网的发展使人类的信息传播达到了极致，给整个社会的经济、文化、产业都带来了巨大的影响。随着"智慧城市"概念的提出及其整体战略的制定和实施，互联网技术将在智慧城市建设中的智慧交通、智慧医疗、智慧教育、智慧环境等方面得到广泛应用，从而促进新业态，打造智慧城市发展"升级版"，推动新型城镇化更加绿色、健康、高效地发展。

◎智慧城市"中国式"发展历程回眸

在世界经济飞速发展、各地城市化进程不断推进的今天，由城市"聚集效应"所引起的"城市病"日益严重。尤其在我国，这个世界上最大的发展中国家，打破城市"窘境"，借助物联网、云计算、新一代移动通信等新技术，探寻"中国式"城市发展模式，打造具有"中国特色"的智慧城市，成为中国智慧城市决策者和参与者们在城市建设中寻找落脚点的路径。

在信息化与城市化不断碰撞的过程中，"智慧城市"应运而生。要追根溯源的话，最早的智慧城市是 1999 年诞生在当时的 IBM 实验室，当时被称为"智慧的地球"的这个概念迅速成为 21 世纪发展的希望,并在 21 世纪信息技术高速运转的环境中探索与学习,一步一步成长。在我国,一些地区在数字城市建设的基础上,开始探索智慧城市的建设,更好地服务于市民学习、生活、工作、医疗等方面的需求,以及改善政府对交通的管理、环境的控制等。可以说,建设智慧城市已经成为历史的必然趋势,成为信息领域的战略制高点。

2011~2012 年,中国科学技术部完成了智慧城市技术架构与总体方案、数据活化与关键技术、数据获取与动态感知技术三项任务,2012 年启动二期工程及智慧城市试点选择的工作。

2012 年 11 月,中国住房和城乡建设部发布关于开展国家智慧城市试点工作的通知,并印发了《国家智慧城市试点暂行管理办法》和《国家智慧城市(区、镇)试点指标体系(试行)》两个文件。2012 年 12 月 31 日前进行申报试点。试点城市通过智慧城市(区、镇)的实践,从政府和市长角度,促使城市"不得病"、"少得病"和"快治病",保障城市健康和谐发展;从企业角度,利用智慧城市技术手段,提升企业自身运营效力、降低运营成本、提升竞争力;从百姓角度,让百姓感受到智慧城市带来的"便民"、"利民"和"惠民",给百姓生活方式带来更好的变化。

2013 年 1 月,住房和城乡建设部公布首批国家智慧城市试点名单。首批国家智慧城市试点共 90 个,其中地级市 37 个,区(县)50 个,镇 3 个。试点城市经过 3~5 年的建设期,住房和城乡建设部将组织进行评估,随后又扩大 9 个城市地区为试点范围。2013 年 8 月,国务院发布《关于促进信息消费扩大内需的若干意见》,建议在有条件的城市开展智慧城市试点示范建设。同月,住房和城乡建设部出台第二批智慧城市试点名单,共 103 座城市入围。10 月,科学技术部下发国家智慧城市试点示范的 20 个城市名单。

2014 年 8 月 29 日,经国务院同意,国家发展和改革委员会、工业和信息化部、科学技术部、公安部、财政部、国土部、住房和城乡建设部、交通运输部等八部委印发《关于促进智慧城市健康发展的指导意见》（以下简称《意见》），要求各地区、各有关部门落实本指导意见提出的各项任务，确保智慧城市建设健康有序地推进。《意见》提出，到 2020 年，建成一批特色鲜明的智慧城市，聚集和辐射带动作用大幅增强，综合竞争优势明显提高，在保障和改善民生服务、创新社会管理、维护网络安全等方面取得显著成效。

2015 年 4 月，住房和城乡建设部办公厅和科学技术部办公厅联合发布了《关于公布国家智慧城市 2014 年度试点名单的通知》（以下简称《通知》），我国第三批国家智慧城市试点名单正式出炉，此次共有 84 个市、县（区）成为新的国家智慧城市试点。《通知》要求，为做好试点工作，各地要根据《国家新型城镇化规划（2014～2020 年)》和国家发展和改革委员会等八部门联合印发的《关于促进智慧城市健康发展的指导意见》相关要求，以科技创新为支撑，着力解决制约城市发展的现实问题，建设绿色、低碳、智能城市。

"中国式"智慧城市是一个不断发展的概念，是城市信息化发展到一定阶段的产物。随着技术、经济和社会的不断持续完善。借助大数据、云计算、物联网、地理信息、移动互联网等新一代信息技术的强大驱动力，发展智慧应用，建立一套新型的、可持续的城市发展模式，从而勾勒出一幅未来"智能城市"的蓝图。

中国智慧城市建设的动机源自中国城镇化、工业化、信息化建设，智慧城市建设的目标是让整个社会更加低碳，更加环保，真正实现可持续发展，使人们的生活更加美好，这与"中国梦"紧密相连。因此需要每家公司、每个人的共同参与和协力合作，各展所长，不断进取与创新。

◎ "互联网+"下的智慧城市基本特征

2015年"两会"期间,《政府工作报告》中首次提出"互联网+"行动计划,并强调要发展"智慧城市",保护和传承历史、地域文化。加强城市供水、供气、供电,公交和防洪防涝设施等建设。智慧城市则是新一代信息技术支撑、知识社会下一代创新（创新2.0）环境下的城市形态。它基于全面透彻的感知、宽带泛在的互联以及智能融合的应用,构建有利于创新涌现的制度环境与生态环境,实现以用户创新、开放创新、大众创新、协同创新为特征的以人为本的可持续创新,塑造城市公共价值并为每一位市民创造独特价值,实现城市与区域可持续发展。"互联网+"也被认为是创新2.0时代智慧城市的基本特征,有利于形成创新涌现的智慧城市生态,从而进一步完善城市的管理与运行功能,实现更好的公共服务,让人们生活更便宜、出行更便利、环境更宜居。

顾名思义,智慧城市的核心特征在于"智慧",而智慧的实现,有赖于广泛覆盖的信息网络,具备深度互联的信息体系,构建协同的信息共享机制,实现信息的智能处理,并拓展信息的开放应用。其中包含了从信息采集、传输、共享、处理到应用的全过程,体现了完整的信息智慧循环。我们将"互联网+"作为创新2.0时代智慧城市的基本特征,概括为五个方面的核心特征:广泛覆盖、深度互联、协同共享、智能处理和开放应用,如表2-1所示。

表 2-1　创新 2.0 时代智慧城市的基本特征

特征	内容
广泛覆盖	广泛覆盖的信息感知网络是智慧城市的基础。任何一座城市拥有的信息资源都是海量的，为了更及时全面地获取城市信息，更准确地判断城市状况，智慧城市的中心系统需要拥有与城市各类要素交流的能力。智慧城市的信息感知网络应覆盖城市的时间、空间、对象等维度，能够采集不同属性、不同形式、不同密度的信息。物联网技术的发展，为智慧城市的信息采集提供了更强大的能力。当然，"广泛覆盖"并不意味着对城市的每一个角落进行全方位的信息采集，这既不可能也无必要，智慧城市的信息采集体系应以系统的适度需求为导向，过度追求全面覆盖既增加成本又影响效率
深度互联	智慧城市的信息感知是以多种信息网络为基础的，如固定电话网、互联网、移动通信网、传感网、工业以太网等，"深度互联"要求多种网络形成有效连接，实现信息的互通访问和接入设备的互相调度操作，实现信息资源的一体化和立体化。在智慧城市中，将多个分隔独立的小网连接成互联互通的大网，可以大大增加信息的交互程度，使网络对所有成员的价值获得提升，从而使网络的总体价值显著提升，并形成更强的驱动力，吸引更多的要素加入网络，形成智能城市网络节点扩充与信息增值的正反馈
协同共享	在传统城市中，信息资源和实体资源被各种行业、部门、主体之间的边界和壁垒所分割，资源的组织方式是零散的。智慧城市"协同共享"的目的就是打破这些壁垒，形成具有统一性的城市资源体系，使城市不再出现"资源孤岛"和"应用孤岛"。在协同共享的智慧城市中，任何一个应用环节都可以在授权后启动相关联的应用，并对其应用环节进行操作，从而使各类资源可以根据系统的需要，各司其能地发挥其最大价值。这使各子系统中蕴含的资源能按照共同的目标协调统一调配，从而使智慧城市的整体价值显著高于各子系统简单相加的价值
智能处理	智慧城市拥有体量巨大、结构复杂的信息体系，这是其决策和控制的基础，而要真正实现"智慧"，城市还需要表现出对所拥有的海量信息进行智能处理的能力，这要求系统根据不断触发的各种需求对数据进行分析，自主进行判断和预测，从而实现智能决策，并向相应的执行设备给出控制指令，这一过程还需要体现自我学习的能力。智能处理在宏观上表现为对信息的提炼增值，即信息在系统内部经过处理转换后，其形态应该发生了转换，变得更全面、更具体、更易利用，使信息的价值获得了提升。在技术上，以云计算为代表的新的信息技术应用模式是智能处理的有力支撑

特征	内容
开放应用	智能处理并不是信息使用过程的终结，智慧城市还应具有信息的开放式应用能力，能将处理后的各类信息通过网络发送给需求者，或对控制终端进行直接操作，从而完成信息的完整增值利用。智慧城市的信息应用应该以开放为特性，并不仅仅停留在政府或城市管理部门对信息的统一掌控和分配上，而应搭建开放式的信息应用平台，使个人、企业等个体能为系统贡献信息，使个体间能通过智慧城市的系统进行信息交互，这将充分利用系统的现有能力，大大丰富智慧城市的信息资源，并且有利于促进新的商业模式的诞生

作为智慧城市的本质特征，"互联网＋"是解决资源分配不合理、重新构造城市机构、推动公共服务均等化等问题的利器。例如在推动教育、医疗等公共服务均等化方面，基于互联网思维，搭建开放、互动、参与、融合的公共新型服务平台，并通过互联网与教育、医疗、交通等领域的融合，推动传统行业的升级与转型，从而实现资源的统一协调与共享。

从另一个角度来说，智慧城市为互联网与行业产业的融合发展提供了应用土壤，一方面推动了传统行业升级转型，在遭遇资源"瓶颈"的形势下，为传统产业行业通过互联网思维及技术突破推进产业转型、优化产业结构提供了新的空间；另一方面能够进一步推动以移动互联网、云计算、大数据、物联网新一代信息技术为核心的信息产业发展，为以互联网为代表的新一代信息技术与产业的结合与发展带来了机遇和挑战，并催生了跨领域、融合性的新兴产业形态。同时，智慧城市的建设注重以人为本、市民参与、社会协同的开放创新空间的塑造以及公共价值与独特价值的创造。也正因如此，"互联网＋"是融入智慧城市基因的，是创新 2.0 时代智慧城市的基本特征。

◎打造智慧城市需要技术支撑

智慧城市是在数字地球的基础上，通过物联网将现实世界与虚拟数字世界进行有效融合，建立一个可视的、可测量的、可感知的、可控制的智能化城市管理与运营机制，以感知现实世界中人和物的各种状态和变化，并由云计算中心完成其海量和复杂的计算与控制，为城市管理和社会公众提供各种智能化的服务。智慧城市的支撑技术包括数字城市相关技术、物联网技术和云计算技术，简单地用公式表示：智慧城市 = 数字城市 + 物联网 + 云计算。这一公式得到了国家相关部门和学术界的高度认同。

数字城市是构建城市数据并将现实中的城市通过网络进行展现，通过航空、卫星、移动测量等方式将数据集成在一起，形成空间立体化，把城市栩栩如生地"搬"到网络上。数字城市相关技术包括：天、空、地一体化的空间信息快速获取技术；海量空间数据调度与管理技术；空间信息可视化技术；空间信息分析技术；网络服务技术。在实时获取相关数据的基础上，海量空间数据不仅包括矢量数据，还包括三维数据，如今大家通过计算机便可以游览各地城市及其建筑。数字城市建设包括基础数据、政务平台和公众平台，可以从地上看到地下，方便城市管理。

物联网通过 RFID、传感器、二维码等实现可靠的传递和智能的控制和处理，实现人与人、人与机器、机器与机器之间的互联互通。智慧城市不仅仅是信息化，而且面向物理世界。我们把地球上的每一个人和物传感到网上，通过基层将它们联系起来，通过网络层将它们传输到全世界，就可以实行运用。智慧城市将地球上的所有东西都整合在一起，我们不出门便可以知天下事、做智慧决策。预计到2017年，全世界大概会有7万亿传感设施来服务70亿世界人口。它可以提供智慧交通、远程智能医疗，不论个人使用什么设备、做什么事情、不管在哪儿，都可以和网络连接在一起，都可以享受智慧的服务。

云计算是基于互联网大众参与的计算模式，其计算能力、存储能力、交互能力是动态的、可伸缩的、可虚拟化的，通过传播重组，把上亿个传感器发出的信号合成视频进行处理，将计算变成社会化、集约化、专业化的服务带给大家。形象地说，云计算为智慧城市提供了一个可以思考的"大脑"。

用数字技术、物联网技术和云计算技术打造智慧城市，在应用层面上体现为智慧公共服务、智慧城市综合体、智慧政务城市综合管理运营平台、智慧安居服务、智慧教育文化服务、智慧服务应用、智慧健康保障体系建设和智慧交通八个方面（见表2-2）。

表2-2　智慧城市在应用层面上的八个体现

应用	内容
智慧公共服务	建设智慧公共服务和城市管理系统。通过加强就业、医疗、文化、安居等专业性应用系统建设，通过提升城市建设和管理的规范化、精准化和智能化水平，有效促进城市公共资源在全市范围共享，积极推动城市人流、物流、信息流、资金流的协调高效运行，在提升城市运行效率和公共服务水平的同时，推动城市发展转型升级
智慧城市综合体	采用视觉采集和识别、各类传感器、无线定位系统、RFID、条码识别、视觉标签等顶尖技术，构建智能视觉物联网，对城市综合体的要素进行智能感知、自动数据采集，涵盖城市综合体中的商业、办公、居住、旅店、展览、餐饮、会议、文娱和交通、灯光照明、信息通信和显示等方方面面，将采集的数据进行可视化和规范化处理，让管理者能进行可视化城市综合体管理

续表

应用	内容
智慧政务城市综合管理运营平台	此类项目已有实际案例。例如，天津市和平区的"智慧和平城市综合管理运营平台"包括指挥中心、计算机网络机房、智能监控系统、和平区街道图书馆和数字化公共服务网络系统四部分内容，其中指挥中心系统囊括政府智慧大脑六大中枢系统，分别为公安应急系统、公共服务系统、社会管理系统、城市管理系统、经济分析系统、舆情分析系统。该项目为满足政府应急指挥和决策办公的需要，对区内现有监控系统进行升级换代，增加智能视觉分析设备，提升快速反应速度，做到事前预警、事中处理，并统一数据、统一网络，建设数据中心、共享平台，从根本上将政府各个部门的数据信息进行有效互联互通，并对整个和平区的车流、人流、物流实现全面感知，该平台在和平区经济建设中将为科学指挥决策提供技术支撑
智慧安居服务	开展智慧社区安居的调研试点工作，部分居民小区为先行试点区域，充分考虑公共区、商务区、居住区的不同需求，融合应用物联网、互联网、移动通信等各种信息技术，发展社区政务、智慧家居系统、智慧楼宇管理、智慧社区服务、社区远程监控、安全管理、智慧商务办公等智慧应用系统，使居民生活"智能化发展"。加快智慧社区安居标准方面的探索推进工作，为今后全市新建楼宇和社区实行智能化管理打下基础
智慧教育文化服务	积极推进智慧教育文化体系建设。建设完善教育城域网和校园网工程，推动智慧教育事业发展，重点建设教育综合信息网、网络学校、数字化课件、教学资源库、虚拟图书馆、教学综合管理系统、远程教育系统等资源共享数据库及共享应用平台系统。继续推进再教育工程，提供多渠道的教育培训就业服务，建设学习型社会。继续深化"文化共享"工程建设，积极推进先进网络文化的发展，加快新闻出版、广播影视、电子娱乐等行业的信息化步伐，加强信息资源整合，完善公共文化信息服务体系。构建旅游公共信息服务平台，提供更加便捷的旅游服务，提升旅游文化品牌

应用	内容
智慧服务应用	组织实施部分智慧服务业试点项目，通过示范带动，推进传统服务企业经营、管理和服务模式创新，加快向现代智慧服务产业转型。①智慧物流。配合综合物流园区信息化建设，推广射频识别（RFID）、多维条码、卫星定位、货物跟踪、电子商务等信息技术在物流行业中的应用，加快了基于物联网的物流信息平台及第四方物流信息平台建设，整合物流资源，实现物流政务服务和物流商务服务的一体化，推动信息化、标准化、智能化的物流企业和物流产业的发展。②智慧贸易。支持企业通过自建网站或第三方电子商务平台，开展网上询价、网上采购、网上营销、网上支付等电子商务活动。积极推动在商贸服务业、旅游会展业、中介服务业等现代服务业领域中运用电子商务手段，创新服务方式，提高服务层次。结合实体市场，积极推进网上电子商务平台建设，鼓励发展以电子商务平台为聚合点的行业性公共信息服务平台，培育发展电子商务企业，重点发展集产品展示、信息发布、交易、支付于一体的综合电子商务企业或行业电子商务网站。③建设智慧服务业示范推广基地。通过信息化深入应用积极改造传统服务业经营、管理和服务模式，加快向智能化现代服务业转型
智慧健康保障体系建设	重点推进"数字卫生"系统建设。建立卫生服务网络和城市社区卫生服务体系，构建以全区域化卫生信息管理为核心的信息平台，促进各医疗卫生单位信息系统之间的沟通和交互。以医院管理和电子病历为重点，建立全市居民电子健康档案；以实现医院服务网络化为重点，推进远程挂号、电子收费、数字远程医疗服务、图文体检诊断系统等智慧医疗系统的建设，提升医疗和健康服务水平
智慧交通	建设"数字交通"工程，通过监控、监测、交通流量分布优化等技术，完善公安、城管、公路等监控体系和信息网络系统，建立以交通诱导、应急指挥、智能出行、出租车和公交车管理等系统为重点的、统一的智能化城市交通综合管理和服务系统建设，实现交通信息的充分共享、公路交通状况的实时监控及动态管理，全面提升监控力度和智能化管理水平，确保交通运输安全、畅通

在互联网技术的支撑下，未来的智慧城市一定是一个道路更畅通、沟通更便捷、环境更美好、生活更幸福的地方。智慧城市能更好地服务社会经济发展，改善城市环境，提高政府效率，缩小城乡差距，使大众生活更幸福。

◎市场力量参与智慧城市建设的十大趋势

随着智慧城市试点建设的进行，我国的智慧城市建设也进入了实战阶段，在政策推动下不断提速。目前智慧城市建设主要围绕加强城市基础通信网络建设和重点领域提供智慧应用服务开展，随着物联网、云计算及4G技术的快速发展，智慧城市建设已经成为引领城市发展的核心战略。

有关专家指出，2015年将是中国智慧城市的创新年。国家智慧城市健康发展指导意见的出台，各类智慧城市参与者的积极涌入以及政府数据的不断开放，将会推动建设模式的不断创新，逐步引导市场力量参与智慧城市建设，中国的智慧城市将取得进一步发展。专家预计，2015年有市场力量参与的智慧城市建设呈现出十大发展趋势，如表2-3所示。

表2-3　有市场力量参与的智慧城市建设的十大发展趋势

趋势	内容
更多互联网企业将参与智慧城市建设	专家预计，2015年，随着智慧城市建设模式的快速转变，更多互联网企业将更加积极主动地参与到智慧城市的建设中。以阿里和百度为首的互联网企业将会以行业应用和云计算为切入点，通过开放的合作模式来推动智慧城市的建设。同时，国家层面将通过财政改革、购买服务和政府引导等多种模式推动智慧城市的健康有序发展。目前，中国智慧城市建设呈现出合作大于竞争的特点。智慧城市的建设是一个非常庞大的工程，其中涉及多个层面，需要生态系统中的各类厂商共同合作，才能搞好智慧城市建设，需要通过建设模式的创新促进生态系统的衍变。因此，随着政府和市场的合力推进，智慧城市建设模式必将在今后几年快速转变，从而推动中国新型城镇化发展进程

续表

趋势	内容
民生类服务平台的涌现促进基本公共服务的均等化	2014年1月9日，国家发展和改革委员会发布了《关于加快实施信息惠民工程有关工作通知》。该《通知》指出，信息惠民工程的实施重点是解决社保、医疗、教育等九大领域的突出问题；各地方在实施信息惠民工程中，要注重资源整合，逐步实现公共服务事项和社会信息服务的全人群覆盖、全天候受理和"一站式"办理。2014年6月12日，国家发展和改革委员会公布了信息惠民国家试点城市名单，全国共计80个城市。国家发展和改革委员会等12个部门旨在通过试点城市加快提升公共服务水平和均等普惠程度、探索信息化优化公共资源配置、创新社会管理和公共服务的新机制新模式。专家预计，2015年，民生类服务平台将在中国各地快速涌现，并且会结合政府的政务云建设，因地制宜，结合4G网络推广，推动基本公共服务在不同层级、不同区域和不同群体之间的覆盖，以此促进基本公共服务的均等化
智慧城市将会呈现群带建设	2014年8月19日发布的《国务院关于近期支持东北振兴若干重大政策举措的意见》旨在巩固并扩大东北地区振兴发展成果，努力破解发展难题，依靠内生发展推动东北经济提质、增效、升级。2014年11月7日，广东省人民政府办公厅发布的《推进珠江三洲地区智慧城市群建设和信息化一体化行动计划（2014～2020年）的通知》旨在推进信息基础设施、公共服务平台和信息网络应用的一体化发展，将珠三角地区建设成为世界级的智慧城市群。据预计，2015年，智慧城市将会呈现群带建设，区域城市合力规划打造智慧城市群。政府方面应该着手加强政策资金支持，加强区域合作。企业方面应该着手研究区域化智慧城市群解决方案，同区域研究机构和专家委员会加强合作，因地制宜，为城市群量身定制解决方案
智慧城市建设将趋于理性发展	近年来，智慧城市已经成为全国各地政府信息化建设的主流。自住建部公布智慧城市试点以来，越来越多的城市加入智慧城市的建设队伍。初步估计，到目前为止，约有400个城市参与了智慧城市的建设。但目前各地智慧城市建设存在千城一面、空中楼阁、投资浪费及标准缺失等问题。以此来看，当前中国智慧城市尚处于探索阶段，需要加强在各行业和各细分领域的深入探索。专家预计，2015年，智慧城市的建设将趋于理性。政府方面应该着手加强顶层设计工作，梳理自身需求，按需定制，建设适合自身的智慧城市。企业方面应该着手深入了解城市需求，落地解决方案，以服务推动城市发展

趋势	内容
4G网络的推广将加速智慧旅游建设	4G网络在中国的大范围推广将会给各地的智慧旅游建设带来很大的推动作用。在高速网络的支持下，游客可以通过手机和平板等智能终端获取位置定位、路线导航、天气走向、寻找美食、酒店预订、景点推荐、购物导航、互动分享、网上购票等多种服务，实现食、住、行、游、购、娱等多方位一体的旅游服务。专家预计，2015年，智慧旅游建设将会呈现快速发展的趋势。4G网络的推广突破了数据传输的"瓶颈"，使得基于大数据的高效数据分析和信息获取等旅游服务成为可能。随着游客的体验逐步提升，网络效应逐渐形成，在未来几年，智慧旅游将会呈现高速发展态势
智慧医疗向大健康体系发展	2014年，物联网、大数据、云计算及移动互联等技术的发展与应用，推动了智慧医疗行业的快速发展。随着信息技术在医疗行业的不断应用，智慧医疗作为新兴的服务载体，为用户提供了医疗健康服务保障，将会成为政府的重要抓手，以"政府引导，市场主导"的方式优化产业链，以缓解当前突出的医疗问题。专家预计，2015年，智慧医疗的建设将会呈现百花齐放的局面，产业链将加速整合。政府方面，将逐步扩大区域卫生平台的范围，将更多的医院、妇幼保健院、疾控中心和药房纳入区域卫生服务体系中来；市场方面，将随着新技术和新产品的推广，进行模式创新，以满足用户健康方面的需求
智慧社区将成为智慧城市入口的争夺点	近些年，各类新兴技术快速发展，并被越来越多地应用到智慧社区的建设当中。智慧社区作为智慧城市的重要组成部分，是城市智慧落地的触点和城市管理、政务服务和市场服务的载体，其中数字社区、智能家居、社区养老和智能生态社区等智慧社区项目层出不穷。随着智慧城市的推广以及新一代技术的普及，智慧社区项目必将迎来新一轮的快速发展。因此，2015年智慧社区将成为企业业务落地的承载点，智慧社区行业将实现快速拓展。据预计，智慧社区建设将在2015年取得快速发展，各企业将会加快在智慧社区行业布局的步伐。智慧社区入口的争夺，将会随着模式创新、技术推广和数据沉淀而日趋激烈
中国将稳步推进政务云的采购工作	2014年8月，政务云服务采购试点启动。自2010年财政部、工业和信息化部等多个部委开展云计算示范工程以来，政府积极开展了云计算新型服务采购的模式探索，并不断拓展服务采购种类。2012年，财政部印发了《政府采购品目分类目录（试用）》，将云计算服务纳入其中。国家采购中心将完善采购标准和流程，从中央政府机关开始试点，向地方政府推广。专家预计，2015年，各地方政府将会积极推进政务云的采购工作。各地政府应该重点研究和关注服务标准、服务安全及服务量化等方面的问题，在积极响应国家云战略服务推广的同时，结合自身发展，因地制宜地建立适合自身的采购标准

趋势	内容
大数据推动智慧城市建设	信息化在中国发展至今已经积累了大量的行业数据，分散在政府部门、行业平台和企业等不同的实体机构中。在当前互联网时代，各类数据将呈现井喷之势，各类大数据分析和预测类应用的推广及普及将有效盘活积存数据，挖掘数据潜在价值，消除数据盲点，为城市决策者提供数据分析和预测等服务，推动智慧城市建设。专家预计，2015年，大数据应用将会在各行各业呈现绽放之势。政府方面，应该着力打通部门之间的藩篱，形成数据共享，方能进一步进行大数据分析，服务于城市建设；企业方面，应着力整合产业链，整合数据入口，形成数据沉淀，进一步形成数据服务，结合应用落地
信息安全将成为智慧城市建设的战略重点	在智慧城市的建设过程中，基础设施和信息资源是智慧城市的重要组成部分，其建设的成效将会直接影响智慧城市的体现。而信息安全作为辅助支撑体系，是智慧城市建设的重中之重。建设信息安全综合监控平台和强化信息安全风险评估体系，将成为智慧城市建设的战略重点。专家预计，2015年，智慧城市建设将更加关注信息安全。政府方面，应该着力将基础设施分级分类，继续深化在网络基础设施及信息资源方面的安全防护；企业方面，应该加强产业合作，形成合力，推动中国安全信息产业的发展

专家指出，自2013年1月第一批试点公布伊始，智慧城市经过了近两年的快速增长，不乏亮点，但总体来看，智慧城市的势头有些过热，存在很多问题，例如投入与产出不成正比，城市服务提升不明显，形象工程华而不实等。因此，中国各层级政府都应不断反思，建设智慧城市是为了什么？智慧城市是为谁服务？什么才是真正的智慧？如何实现智慧城市的可持续发展？如何引导市场力量参与智慧城市的建设？百城竞建，洗尽铅华，市场主导，服务于民，或许智慧城市的建设才刚刚开始。

◎建设智慧城市的重要意义和关键因素

智慧城市不仅可以激发科技创新，转变经济增长方式、推进产业转型升级和经济结构调整，转变政府的行为方式、提高政府的效率，而且有利于提高城市管理水平、提升城市的综合竞争力，使我们的城市运行更安全、更高效、更便捷、更绿色、更和谐。

建设智慧城市的重要意义，具体体现在3个方面，如表2-4所示。

表2-4　建设智慧城市的重要意义

意义	含义
实现城市可持续发展的需要	改革开放30多年以来，我国城镇化建设取得了举世瞩目的成就，尤其是进入21世纪，城镇化建设的步伐不断加快，每年有上千万的农村人口进入城市。随着城市人口不断膨胀，"城市病"成为困扰各个城市建设与管理的首要难题，资源短缺、环境污染、交通拥堵、安全隐患等问题日益突出。为了破解"城市病"困局，智慧城市应运而生。由于智慧城市综合采用了包括射频传感技术、物联网技术、云计算技术、下一代通信技术在内的新一代信息技术，因此能够有效化解"城市病"。这些技术的应用能使城市更易于被感知，城市资源更易于被充分整合，在此基础上实现对城市的精细化和智能化管理，从而减少资源消耗，降低环境污染，解决交通拥堵问题，消除安全隐患，最终实现城市的可持续发展
信息技术发展的需要	当前，全球信息技术呈加速发展趋势，信息技术在国民经济中的地位日益突出，信息资源也日益成为重要的生产要素。智慧城市正是在充分整合、挖掘、利用信息技术与信息资源的基础上，汇聚人类的智慧，赋予物以智能，从而实现对城市各领域的精细化管理，实现对城市资源的集约化利用。由于信息资源在当今社会发展中的重要作用，发达国家纷纷出台智慧城市建设规划，以促进信息技术快速发展，从而达到抢占新一轮信息技术产业制高点的目的。为避免在新一轮信息技术产业竞争中陷入被动，我国政府审时度势，及时提出了发展智慧城市的战略布局，以期更好地把握新一轮信息技术变革所带来的巨大机遇，进而促进我国经济社会又好又快地发展

意义	含义
提高我国综合竞争力的战略选择	战略性新兴产业的发展往往伴随着重大技术的突破，对经济社会全局和长远发展具有重大的引领带动作用，是引导未来经济社会发展的重要力量。我国在"十三五"时期要确保全面建成小康社会的宏伟目标胜利实现，确保全面深化改革在重要领域和关键环节取得决定性成果，确保转变经济发展方式取得实质性进展。在这种形势下，一方面，智慧城市的建设将极大地带动包括物联网、云计算、三网融合、下一代互联网以及新一代信息技术在内的战略性新兴产业的发展；另一方面，智慧城市的建设对医疗、交通、物流、金融、通信、教育、能源、环保等领域的发展也具有明显的带动作用，对我国扩大内需、调整结构、转变经济发展方式的促进作用同样显而易见。因此，建设智慧城市对我国综合竞争力的全面提高具有重要的战略意义

有两大关键因素推动智慧城市的逐步形成，一是以物联网、云计算、移动互联网为代表的新一代信息技术；二是知识社会环境下逐步孕育的开放的城市创新生态。前者是技术创新层面的技术因素，后者是社会创新层面的社会经济因素。由此可以看出，新一代信息技术与创新2.0是智慧城市的两大基因，缺一不可。

智慧城市不仅需要物联网、云计算等新一代信息技术的支撑，更要培育面向知识社会的下一代创新（创新2.0）。信息通信技术的融合和发展消融了信息和知识分享的壁垒，消融了创新的边界，推动了创新2.0形态的形成，并进一步推动各类社会组织及活动边界的"消融"。创新形态由生产范式向服务范式转变，也带动了产业形态、政府管理形态、城市形态由生产范式向服务范式的转变。如果说创新1.0是工业时代沿袭的面向生产、以生产者为中心、以技术为出发点的相对封闭的创新形态，创新2.0则是与信息时代、知识社会相适应的面向服务、以用户为中心、以人为本的开放的创新形态。

总之，新形势下的智慧城市建设，在实现城市可持续发展、引领信息技术应用、提升城市综合竞争力等方面具有重要意义。同时，智慧城市建设也需要应用物联网、云计算等技术工具，需要应用微博、维基等社会工具，更需要Living Lab等用户参与的方法论及实践来推动以人为本的可持续创新。

第三章 智囊谋划：城市智库
规划布局智慧城市

智库是一种规模不等的实体，它既可以由一两个人组成，也可以拥有几百位员工和研究人员。智库是一个"思想工厂"，是一个"战略思想中心"，是政策研究者、政党代言人、政府代理人。城市智库由广泛的城市建设参与者组成，致力于为城市建设决策者提供技术支持，并进行城市规划与建设的专业设计，融入人文价值，规划社区环境，制订环保规划，在我国城镇化建设和智慧城市建设中发挥着不可替代的重要作用。

◎ 城市规划布局结构的基本概念

现代城市规划学在其形成和发展过程中，先后吸收了经济学、社会学、地理学和生态学等学科的成果，并以传统的工程技术学科和建筑艺术理论为基础，不断选择、融合，逐步形成具有广阔理论基础和特点的综合性学科，成了城市智库规划布局智慧城市的依据。"城市建设，规划先行"，规划已被各级政府高度重视。

城市规划布局结构的基本概念包括六方面内容，如图 3-1 所示。

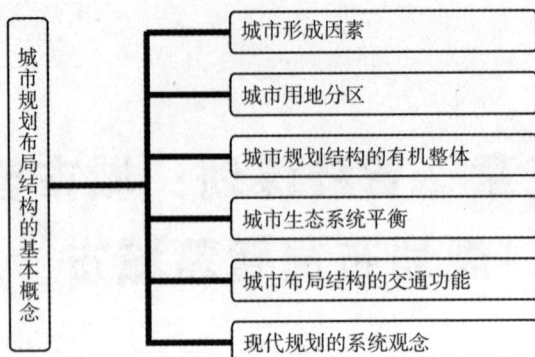

图 3-1　城市规划布局结构的基本概念

一、城市形成因素

这一概念建立在"城市的形成和发展源于社会经济发展"的历史唯物论的观点之上。城市是在社会劳动分工过程中形成的地域性经济综合体，是国家和地区的经济中心和组成部分。城市的政治、经济、行政管理部门、商业服务部门、基础设施部门和基础文化教育部门等，是构成城市有机整体不可缺少的因素。城市在组织生产和人民生活方面的积极作用主要取决于城市有一套完整的职能因素，这样就能发挥城市的组织作用和聚集效用。这方面，一般大城市优于中小城市，老城市在组织生产、协作等方面优于新城市。一些城市之所以生活方便、经济效益好，主要是由于城市的职能因素完备，机构配套完善，人才较多，设施齐全和管理水平高等。这些因素的综合作用就是城市的职能作用和组织效应。城市形成因素和职能因素涉及城市结构研究的许多基本概念，是区域经济分析中确定城市性质、规模和发展依据的重要理论基础。

二、城市用地分区

城市用地是城市规划区范围内被赋予一定用途和功能的土地的统称，用于城市建设和满足城市机能运转，如城市的工厂、住宅、公园等城市设施的建筑活动。

城市用地的属性如表 3 - 1 所示。

表 3 - 1　城市用地的属性

属性	含义
自然属性	土地具有不可移动性，即有着明确的空间定位。由此导致每块土地各具相对的地理优势或劣势，以及土壤和地貌特征。另外土地还有耐久性和不可再生性
社会属性	如今地球表面上的绝大部分土地都已有了明确的隶属，即土地已依附于一定的拥有地权的社会权力，无论是公有还有私有形式
经济属性	土地的经济属性是通过土地自身价值被社会认可来体现的，表现在土地利用过程中能直接或间接地转化为经济效益的特性上。另外，城市用地还可因人为的土地利用方式得以开发土地的经济潜力
法律属性	在商品经济条件下，土地是一项资产，由于它具有不可移动的自然属性，而将其归入不动产的资产类别。城市地产产权的国有或集体所有，或是在此条件下，我国所实行的地权中部分权益转让等社会隶属形式，都由法定程序得到立法的支持，因而土地具有明确的法律属性

城市用地分区，是经过对各类功能用途的土地进行规划配置，使之具有城市整体而有机的运营功能。要求城市规划尽可能满足城市用地的要求，同时最大限度地符合城市和区域整体的利益。这是城市规划的基本工作内容，在城市规划的发展过程中具有重要意义。

三、城市规划结构的有机整体

城市是人类聚集的一种形式，是人类社会发展的产物，它为聚集的人群提供了各种精神的、物质的必要条件，不断满足居民的各种需要，使这一聚集形态成为一个能够维持持续的良好运动状态的有机整体，称为规划结构的有机整体。生活中，城市不同功能的地域结构呈现出规律性，例如城市居民都需要一个安静、舒适和方便的生活环境和工作环境，需要左邻右舍和谐相处的人际关系。这种聚集生活中的理想境界，一直成为社会学者、城市规划学者和环境生态学者以及城市管理部门进行理论研究和建设实践的目标。他们在总结分析城市地域结构的基础上，提出了城市规划结构有机整体的概念，认为一个有机整体的城市是根据不同的自然和社会情况由多层次的有机单元所组成，每一层次的有机单元又有相应的中心和分中心，以满足人类生活上对各种生态组织的需要。这种有机整体也称为社区。城市有机整体的层次结构大致包括如下几个层次：一是居住基本单位，相当于小区和邻里单位，具有日常必需的服务设施；二是城市居住区，具有供周期性使用的服务性设施的公共中心，由若干基本单位组成；三是城市有机整体，具有供不定期使用的服务设施中心，有时设有超城市的公共设施。

一个规模较小的有机整体，有时是一个小城市或城镇。它由少数居住区组成，配有少量不定期使用或超城市需要的设施。大城市则往往由多个居住区组成，并且具有设施比较齐全的市中心和副中心。城市作为一个有机整体要拥有与居民相适应的就业岗位。这些就业岗位可以在本区域之内，还可以在本区域附近，有的形成独立地段，分布在中心城市的影响区内，这些影响区可以是工业街区、工业区或卫星城镇。它和中心城市在更高层次上形成有机整体。这就形成了城市化地区这个新的概念。

四、城市生态系统平衡

生态系统是一个由生物群落及其生存环境组成的动态系统。生态系统发展到成熟阶段，它的结构和功能处于相对稳定的状态，称为生态平衡。城市是人类为自身的生存而在自然环境的基础上建立的高度人工化的环境，是一个人工形成的动态系统。这个人工生态系统具有现代化的工业、交通、建筑物、园林及其他物质设施，为人类的物质和文化生活创造了良好条件，通过人、技术和环境的相互作用，不断调整内部结构以保持其内在和外部空间的动态平衡。

不恰当的人工活动也会造成生态失调和破坏。工厂过度集聚、建筑过分密集、人口过于集中、交通拥挤、用水和能源不足等，都将导致环境污染、生态失调、结构功能变异，以致破坏了生态平衡。城市环境规划是预防、治理生态失调、结构变异，恢复和保持城市环境生态平衡的理论和方法。城市规划的目的是为整个城市的居民提供一个社会生活、经济活动和生态环境不断保持动态平衡的空间环境。城市环境规划的目的和现代城市规划的目的完全一致，可以认为它是城市规划的组成部分。所谓保持动态平衡的城市空间环境，就是通过规划调节和实施城市社会、经济和生态诸因素，维持相互协调和稳定发展。例如，城市规划为居民创造一个享有物质和精神生活的社会环境，就是把对城市社会的分析研究成果在城市社会地域结构上加以体现，这也是现代城市规划创始者们的理想。城市规划还要为城市各项经济活动提供有效率的生产环境，如建设有吸引力的投资环境，发挥城市聚集效益、生产力区位效益、土地效益以及规模经济效益等，都应通过空间组织予以体现。为居民创造一个最宜于工作和生活的生态环境，就是实现城市生态环境平衡的目的。

通过城市规划的手段对上述诸方面予以组织，达到城市内部结构和空间的协调，形成最佳的地域结构和生态环境，取得社会的、经济的和生态的综合效益。传统的规划重视经济发展，忽视社会需要，把影响城市环境的因素视为孤立的具体矛盾，从而采取具体的工程措施个别处理，使矛盾难以全面解决。现代城市规划越来越认识到城市生态环境是一个联系着地域空间整体和城市长远利益的系统问题。它十分重视城市生态系统的平衡发展。这种崭新的概念对现代城市规划理论的发展具有重要意义。

五、城市布局结构的交通功能

城市布局结构主要由城市道路系统及其他用地功能控制因素构成。道路系统是城市的"骨架"，对城市布局结构具有决定作用。但在不同的社会经济发展阶段，它在城市布局上的作用、表现形式是不同的。历史上街道美观长期成为城市布局结构考虑的因素，成为古典城市规划的重要内容。

20 世纪 50 年代以来，小汽车大规模发展，进入城市社会生产、生活的各方面，其性能和数量远远超出了原有方格网式、单一中心环状放射式布局结构的承受能力，城市中普遍出现交通混乱阻塞的状况，大大降低了城市的效能。为了适应交通功能的这种新要求，不仅社会生活方式发生了相应变化，而且新的城市布局结构形式和布局理论也相应产生。这就出现了沿交通干线走廊式和走廊节点式的布局结构形式以及多中心、分散布局、组合城市的概念，以高速道路为骨干的多中心的组团式大都市的概念。综上所述不难看出，交通功能在形成城市布局结构中的重要作用。布局结构的交通功能概念，已成为现代城市布局规划的重要原则，并得到了广泛的应用和发展。

六、现代规划的系统观念

现代城市规划学的一个重要趋向是将系统论的观念引入城市规划。系统是由相互联系、相互作用的组成部分结合而成又具有特定功能的有机整体。系统本身又是它所从属的更大系统的组成部分。城市是一个有机整体，它也正是这样的动态系统。系统工程是运用系统观念、现代数学方法和电子计算技术，对结构复杂、变量众多的系统进行分析，科学地规划和组织人、财、物，通过选择最优途径，使系统在各种制约条件下达到预期目标。从整体观念出发，统筹兼顾、合理安排整体和每个局部的关系，以求得整体的最优方案，使每个局部服从整体目标，做到人尽其才、物尽其用，发挥整体优势，避免资源的损失和浪费。系统工程的研究主要分三方面，即模型化方案、最优化方案和方案的综合评价。系统分析的原则主要有：内部条件与外部条件相结合；当前利益与长远利益相结合；局部效益与整体效益相结合；定量分析与定性分析相结合。不难看出，城市规划正是运用系统理论和系统分析方法进行的系统工程，或者说城市规划是系统工程实际应用的一个主要方面。

　　传统的城市规划方法是把城市看作一个封闭的系统。它的发展是从对个别建筑物的安排，到考虑整体的艺术性，再到针对具体问题运用具体工程措施。这种传统方法对研究各项因素间联系的整体性和外部环境的影响都有局限性。现代城市的职能越来越复杂，需要考虑的因素也越来越多，需要进行多层次、多学科的综合性分析，但限于手段，长期以来分析多属定性，而且限于主要因素，这就限制了规划工作的深入和提高。近年来，现代数学和计算机技术的普遍应用，为城市规划的系统分析提供了现实基础。因此，国内外不少城市规划学者、城市经济学者、城市地理学者和城市社会学者都把系统工程在城市规划和区域分析中的应用作为积极探索的目标，并展示了广阔的前景。

　　综上所述，由于城市规划的目标明确，任务具体，所形成的理论和方法具有明显的实用性。在其发展过程中，根据不同时期城市发展的实际需要，从诸多相关学科中不断选取并进行实用化和现代化处理，实现了理论结合实际的过渡，并不断充实发展城市规划学的理论和方法，成为指导城市建设发展的实用技术学科。现代城市规划学是在多种学科结合实践的过程中形成的具有特色的实用性很强的综合学科，在指导当代城市和空间发展中发挥着不可替代的作用。

◎创意城市更需要专业的顶层设计

顶层设计这一概念原本是一个系统工程学的概念，强调的是一项工程"整体理念"的具体化。也就是说，要完成一项复杂工程，就要以理念一致、功能协调、结构统一、资源共享、部件标准化等系统论的方法，从全局视角出发，对项目的各个层次、要素进行统筹考虑。

智慧城市属于创意城市，其顶层设计是一个城市战略层面的蓝图设计，是从全方位的视角进行智慧城市总体架构的设计，对整个架构的各个方面、各种参与力量、各种正面的促进因素和负面的限制因素进行统筹规划和设计，力争达到网络、技术、产业与应用发展之间的统筹、协调，以便顺利地将智慧城市向前推进，增加城市发展的红利。这方面的工作，其实是作为城市发展规划重要机构城市智库的职责所在。

城市智库创意城市的顶层设计包括四方面内容，如图3-2所示。

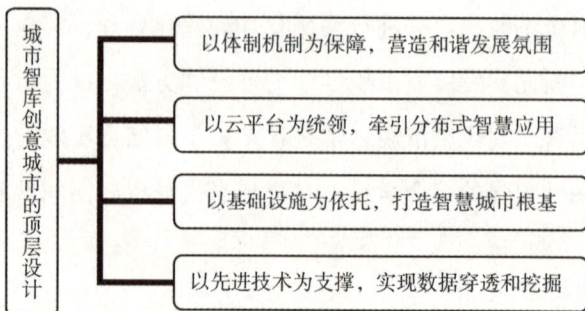

城市智库创意城市的顶层设计

- 以体制机制为保障，营造和谐发展氛围
- 以云平台为统领，牵引分布式智慧应用
- 以基础设施为依托，打造智慧城市根基
- 以先进技术为支撑，实现数据穿透和挖掘

图3-2 城市智库创意城市的顶层设计

一、以体制机制为保障，营造和谐发展氛围

智慧城市的创建需要从城市的体制机制层面提供根本保障，只有完善的管理机制才能保障又好又快地建设智慧城市，才能营造和谐的智慧城市发展环境。智慧城市的发展环境主要包括适当的规范体系和评估体系、良好的信息安全体系及和谐的智慧城市发展氛围。

规范体系的建设是智慧城市实现信息共享和应用协同的基础，只有以统一的且兼容性良好的规范体系作为标准，如良好兼容性的接口标准、统一的目录体系等，才能在各个智慧应用系统之上基于云平台搭建资源共享与交换中心，促进不同部门或行业之间的信息和应用穿透，推动信息资源向社会开放。智慧城市规范体系的制定，既要注重与现行信息技术有关的国家标准、行业标准和国际标准的相互衔接，又要充分考虑智慧城市信息系统不断发展对标准提出的更新、扩展和延伸要求。

另外，评估或考评体系也是智慧城市必不可少的部分。评估最主要的作用是测评智慧城市相关项目的目标实现度以及所产生的延伸效应。评估维度主要包括信息化基础、组织提升、公共效益和公众满意等方面。目前不少城市也在进行着这方面的尝试。

信息安全体系应该以信息安全策略来统领，即以信息安全制度作保障，利用先进的安全技术作为支撑，例如设置信息加固和容灾系统，保证信息的安全可靠。

二、以云平台为统领，牵引分布式智慧应用

智慧城市的总体架构不完全统一，每个城市因情况不同会有所差异。一般来说，其整体架构包括感知层、基础能力层、服务框架层和业务运营层。

感知层主要利用物联网，在城市基础设施上设置传感器或监控器，组成

感知网，采集城市基础数据，激活现有城市部件和生产生活功能部件。基础能力层主要采用云计算技术，设置云平台，通过计算资源池、存储资源池等提供基础支撑能力，为上层服务提供信息共享，互联互通。另外，感知层采集的信息需要通过有线、无线的网络资源池向云平台传送。服务框架层为相关应用提供最小服务颗粒，如支付服务、位置服务、终端服务等。通过标准服务接口，实现服务能力组装，同时为开发者提供开发环境和相应的服务支持。业务运营层包括民生、产业、政务、城市管理等各个领域的业务部署，实现智慧应用及业务展现。本层的各个智慧应用子系统一般分布于城市的各个行业或部门。

从上述的总体架构可知，打造智慧城市需要设置统一的、强有力的计算资源池、存储资源池等，为上层应用提供服务，实现这些资源池的最好方法就是云平台。云平台存储城市运行中方方面面的海量数据，并对数据进行筛选、归类、分析，同时为上层各种智慧应用提供快速、专家式的响应。智慧城市需要以云平台作为统领，相关的智慧应用如智慧政务、智慧教育、智慧能源、智慧食品安全、智慧公共安全、智慧环保、智慧医疗、智慧交通等可在业务运营层面根据轻重缓急分步、分批建设，设置在云平台下。通过这样的分层建设，构建平台能力及应用的可成长、可扩充系统框架。

三、以基础设施为依托，打造智慧城市根基

智慧城市需要感知城市每个角落发生的事件或状况，并且需要及时将这些感知的信息传送到云平台，这就需要以遍布城市的有线、无线网络基础设施为依托。智慧城市涉及的基础设施主要有以下几方面：

①感知基础设施主要指物联网，通过射频识别（RFID）、视频和移动终端等手段，采集城市基础数据，为智慧城市提供智能化、泛在化的信息感知。②网络基础设施主要指目前移动、联通、电信和广电运营商建设的"无线城

市"、"城市光网"、"三网融合"等网络设施，包括3G、LTE、Wifi、超宽带等网络或技术，形成固定和移动的通信网络。③云平台基础设施是指城市的云计算中心、IDC数据中心以及政府、行业的云平台，为智慧城市提供强有力的计算、分析和存储能力。只有这些有线、无线基础设施对城市实现了良好的覆盖和通达，智慧城市才能具备感知城市的基础。

四、以先进技术为支撑，实现数据穿透和挖掘

智慧城市的打造是一项创新性的工作，几乎囊括了目前出现的所有先进通信、信息新技术或应用。而其关键技术主要有四项：移动互联网、云计算、物联网和大数据。

表3-2　智慧城市的四项关键技术

技术	内容
移动互联网	移动网和互联网有机结合，多种功能协调；可以随时随地接入，为智慧应用提供便捷访问服务；运营商使用相关技术覆盖不断完善；智能终端越来越普及，移动互联网前景广阔
云计算	是传统计算机技术和网络技术融合的产物。以低成本为智慧城市提供强大的计算、储存能力；灵活的云处理能力伸缩；减少IT设备维护和升级的成本
物联网	是继计算机、互联网之后的第三次产业革命。是智慧城市感知层的主体；通过传感设备如红外感应器、定位系统、激光扫描等将采集信息上传
大数据	强大的数据交换和处理能力；数据分析能力和深层挖掘能力

随着智慧城市的发展，新的信息技术还会不断涌现，这些新技术将从不同角度丰富我们的智慧城市。

以上主要从四个方面对城市智库的智慧城市顶层设计进行了总体探讨，对于每个城市，城市智库应在充分借鉴国内外相关顶层设计方法论的基础上，建立符合本地实际的智慧城市顶层设计。当然，除了城市智库为决策者提供

顶层设计的技术支撑外，为了更好地实现智慧城市惠民的宗旨，政府应该积极以多形式、多渠道、长期性的方法征集各方建议，提升互动性，激发民众创造性，形成全社会支持智慧城市建设的良好气氛。

◎ 城市智库对创意城市的构建作用

"推进国家治理体系和治理能力现代化"，是习近平设定的国家发展总体战略目标并于2013年在中共十八届三中全会上提出，被媒体称为继"四个现代化"之后的"第五个现代化"。在这一思想的指引下，城市智库将致力于提高国家决策的科学化、民主化、法治化水平；增加人民群众的政治参与渠道，实现协商民主的多样化；为国家发展和社会进步储备人才、创新思想、提供信息等，从而释放中国魅力。

具体来说，城市智库对创意城市的构建作用体现在四个方面，如图3-3所示。

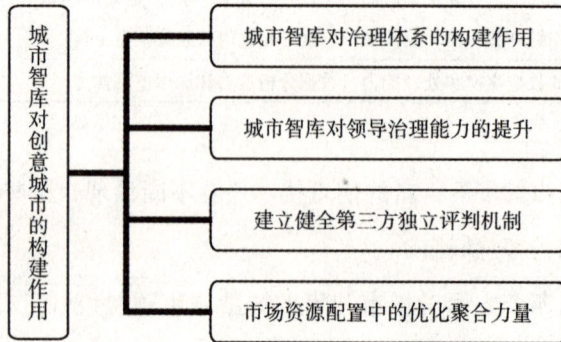

图3-3 城市智库对创意城市的构建作用

一、城市智库对治理体系的构建作用

依法治国是自有阶级社会以来最重要的政治现象之一，而一个国家的治理体系和治理能力历来是个大问题。在新的历史条件下，城市智库在国家治理体系中发挥应有的构建作用，主要包括四个方面：资政辅政、启迪民智、平衡分歧、聚贤荐才。

同时，在推进国家治理体系和治理能力的现代化进程中，城市智库不但需要对中国特色社会主义道路进行理论总结，为进一步坚定不移地走中国特色社会主义道路提供理论依据；更为重要的是，需要对占全球 1/5 人口的中国实现现代化所面临的独特国家治理问题进行系统性、前瞻性的研究，为党中央和国务院推动国家治理的现代化决策提供支持。

为此，需要做到以下几点：

第一，重视战略层面的研究，增强战略谋划能力。

第二，加强自身能力建设，增强服务决策能力，完善智库评价体系。

第三，智库绝对不要说空话、大话，更不能说假话，要讲真话。

第四，智库之间需要加强交流与合作。

第五，城市智库的发展需要高水平人才的支撑，因此应积极建立人才储备，为政府储备更多优秀人才。

第六，智库要创新、建立多元化筹资机制，为更多的社会资本、民间资本支持智库发展创造更宽松的政策环境。同时政府也要创造更多条件，让官方智库、民间智库有更多机会、更多通道来为国家决策服务。

二、城市智库对领导治理能力的提升

领导治理能力强调领导思维，在做出决策的过程中要注重打开空间，跳出地域、环境、条件、利益的局限，敞开胸襟，拓宽眼界，全面看待所面临的机遇和挑战，在更广阔的平台上规划事业、谋求发展，做出决策决断。这是一种"全脑思维"，它不仅包括在"策"的过程中灵活利用定量、逻辑等"左脑"思维，在"决"的过程中充分利用综合分析、形象艺术等"右脑"思维，更包括充分运用好决策咨询专家、智库和广大人民群众、利益相关方的"外脑"，以及在互联网时代背景下对于网络计算机的有效利用。

在这方面，城市智库举办的各类领导力培训班具有现实意义。城市智库应该积极参政议政，为领导决策献计献言，为城市建设出谋划策，充分发挥以人文价值为导向的正面作用。

三、建立健全第三方独立评判机制

第三方是指两个相互联系的主体之外的某个客体，它可以和两个主体有联系，也可以独立于两个主体，是具有一定公正性的第三主体。在建设"智慧城市"的过程中，城市智库要建立健全第三方独立评判机制，确保政府理政的公平、公正，避免纠纷和不应有的损失。

建立健全第三方独立评判机制是城市智库新形势下的重要举措。主要以专业、客观、独立的方式提出公共政策主张，帮助决策者制订和推行政策，并就有关政策进行论证、评估。

四、市场资源配置中的优化聚合力量

习近平在 2014 年 10 月 27 日召开的"中央全面深化改革领导小组第六次会议"上指出："必须善于集中各方面智慧、凝聚最广泛力量。改革发展任务越是艰巨繁重，越需要强大的智力支持。"作为经济发展的基本条件和表现形式，市场资源配置中的优化聚合是指为最大限度地减少宏观经济浪费和最大化实现社会福利，对市场资源进行有机组合。

"全面深化改革"的推进对建设高质量的城市智库提出了新的要求。城市智库要充分发挥市场资源配置中的优化聚合力量，以经济和社会的可持续发展为前提，服务于党和政府的科学决策，破解发展难题，提升国家软实力，推进国家治理体系和治理能力现代化。遵循的原则是：适应性原则；最大节约原则；适度超前的原则；渐进发展原则；因地制宜原则。

总之，在一个条块分割的行政体系下，智慧城市推进如果没有一个整体性的顶层设计来指导，在实施过程中必然会遇到各自为政、"数据烟囱"等信息化建设的老问题，增加智慧城市建设失败的风险。要想实现不同智慧应用的协同和穿透，必须有一套完整的顶层设计作为指引。

◎智慧城市规划融入人文核心价值

人类文化是人类在社会实践中创造的一切物质财富和精神财富的总和，而城市是人类的聚居地，因此，一个城市必须重视人文价值，才能得以健康有序地发展。城市智库必须通过梳理、挖掘、整合、保存、传扬、创新，在智慧城市规划中融入人文核心价值。

城市智库如何在智慧城市的规划中融入人文核心价值？如图3-4所示的几项措施值得研究和探讨。

一、努力提高人文素养，构建和谐社会

努力提高城市管理者、规划师和市民的人文素养，构建和谐社会。"地要绿化，人要文化"，只有树立正确的价值观、发展观，才能从人文生态价值取向上对城市加以规划建设。城市智库首先要与时俱进，富而思文，为适应现代城市发展变化日益加快的要求，不断探求知识经济的本质内涵，学习

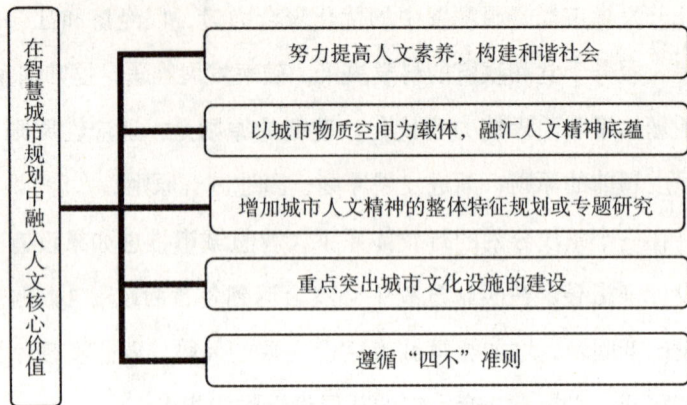

图3-4 在智慧城市规划中融入人文核心价值

和吸收先进文化的精髓，融合传统多元文化，提升自身的文化素养和审美情趣，增强创新意识，真正了解一个城市的过去，熟悉其现在，把握好其未来，制止决策者在决策过程中由"权力审美"造成的危害。其次要积极进行专业技能培养，不断拓展自己的人文综合涵养，广泛汲取文学、艺术、哲学、法学、历史学、社会学、政治学等各方面的知识，例如学习欧美等发达国家城市规划建设的经验，形成丰富的文化积累。

二、以城市物质空间为载体，融汇人文精神底蕴

在城市规划中，要立足当地实际，充分挖掘地方人文资源，从有形的城市传统布局、建筑形态、景观风貌、质地肌理、空间特色到无形的民风民俗、人物典故、历史事件、传统文化艺术等非物质文化资产中汲取营养，以人为本，合理采用贴切环境的人文主题，匠心独运，以物质空间为载体，将抽象的人文精神具象化，将隐性的文化显实化，通过塑形、创意、建境，赋予物质空间丰富的人文生命力。

在城市居住区、商业办公区、工业区、休闲娱乐区乃至道路、建筑物、

广场、雕塑、桥梁、花草树木、亭台楼榭、灯椅池栏等建设中，倾注创新技艺，传承地域文脉，塑造场所精神，彰显人文关怀，提升城市内在品质，实现人文精神价值取向与物质功能要求的高度和谐统一。让市民在生产、生活中得到高品质文化的熏陶，增强市民的归属感和认同感，使整个城市的空气中散发浓郁的人文氛围。切忌将城市这一人类栖居地建成"混凝土森林"和"文化沙漠"。

三、增加城市人文精神的整体特征规划或专题研究

城市规划主要侧重于城市性质、发展目标、发展规模、土地利用、空间布局及各项基础设施配置等方面的综合部署和实施措施，而对城市社会文化的规划研究相对不足。由于城市规划与人文精神的互动影响，在规划中应增加对城市人文资源的专题分析研究、规划，使规划更趋于综合。

近年来，我国部分城市相继进行了人文精神专题的研究或规划编制工作。某研究院对杭州城市的"人文与精神"做了如下阐述：江、河、湖、海相依的自然景观和水文化的表现形态孕育了杭州人主柔、重情、尚文、爱美的性格特征，其传统文化归结为"秀丽的杭州城、悠闲的杭州人、英烈的杭州魂"。提出再造杭州文化和人文精神，必须融合与创新，以"钱江潮、运河水、西湖韵、杭州魂"为核心，集江、河、湖于一体，体现动静结合、刚柔并济、外扬内蓄的人文精神总体特征。

四、重点突出城市文化设施的建设

现代化城市需要一流的文化服务设施作支撑，在城市规划中要重点抓好图书馆、美术艺术馆、博物馆、戏剧院、文化中心、展览馆、各类学校、书店等公益性文化艺术设施的规划建设，外形上要突出其形象标识，选址上要便民、功能齐全、品位高雅、寓教于乐，多渠道提高市民的人文素养。要抓

好城市历史文化遗存的保护、修缮及复建工作，维持历史记忆坐标，延续地方文脉。

五、遵循"四不"准则

城市是一个不断发展的动态系统，时刻处于变化之中。通过科学、系统的调查，把握城市发展的客观规律，是认识城市未来发展的基础。为此，人文价值核心规划应该遵循"四不"准则，如表3-3所示。

表3-3　人文价值核心规划应遵循的"四不"准则

准则	内容
不读县志不规划	城市志是以城市作为记述对象的地方志书。城市是经济社会发展的产物，是人类文明的标志。县志是记载一个县的历史、地理、风俗、人物、文教、物产等的专书。城市志和县志更多地为城市的现代化规划、建设和管理服务提供重要参考。所谓"不读城市志、县志不规划"，强调的就是这种地方志对城市规划与建设的重要作用
不做区位和场地分析不规划	城市用地的区位是指特定地块的地理空间位置及与其他地块之间的相互关系，是城市规划与建设领域的一个重要内容。它从区域整体出发，全面考虑区域内土地的动态利用问题。对区位的特别关注是一座城市人文价值核心规划的要求。场地分析即规划区内所承载的历史文脉、自然和人文资源、民族民俗风情、山形地貌水系、植被动物等生物资源、历史人物及故事、建筑风貌等资源和价值，规划中须有意识地保存、延续、传扬和升华这些资源，并赋予其新的内涵。场地分析与规划建设应该遵循"运用资源、延续文脉"的原则。场地分析是设计师的基本功，一个好的规划设计方案一定是根植于基地的，而不是凭空捏造的。无论是城市总体规划还是详细规划，都需要将所规划的城市或地区纳入更为广阔的范围加以考虑，从而更加清楚地认识所规划的城市或地区的作用、特点及未来发展的潜力

续表

准则	内容
不延续资源和文脉不规划	延续资源和文脉强调的是在规划前要对自然资源和历史文化进行充分调查，在保护的前提下合理利用自然资源，在敬畏传统文化的前提下延续历史文脉。在自然资源的调查中，主要涉及土地资源、水利资源、生物资源等，这些对城市规划工作具有重要影响。历史文化的调查先要通过调查城市的形成和发展过程，把握城市发展动力以及城市形态的演变原因。每个城市由于历史、文化、经济、政治、宗教等方面的原因，在其发展过程中都能形成各自的特色。通过对城市历史文化的调查，将城市规划与城市历史文化内涵进行结合，以提高城市的文化品位，从中寻找城市的特色，并推动整个城市规划建设工作的开展
不讲实事求是不规划	实事求是是自然科学也是社会科学认识的基本原则，城市规划要坚持实事求是的方针。要充分认识城市自身及其所在区域的自然和地理条件、历史和人文背景、经济和社会发展基础，确定科学的发展战略，合适的城市规模、形态和经济结构，合理利用自然和文化遗产，形成自身特色和与周边城市的互补。城市规划不是空中楼阁，不是妄想、空想和理想，而是立足实际，只有这样，城市才最具个性。为此，应该在充分尊重当地资源和能力的条件下，落地执行、开发与建设

　　总之，在全面落实科学发展观的前提下，在建设智慧城市的过程中，城市智库要在人文精神的指导下，将城市规划建设好，实现人与自然、物质与文化的和谐协调，确保城市健康可持续发展。这是城市智库规划城市时义不容辞的责任。

◎智慧城市居住区规划与环境设计

　　居住区规划实质上是一种与居民生活密切相关的环境设计，目的是使居民在居住区内感到安静安全、舒适方便、环境优美。智慧城市居住区的优劣不仅直接关系到居民的生活质量,还对环境质量产生重大影响。居住区是组成城市的基础,居住区空间是城市空间的延续。

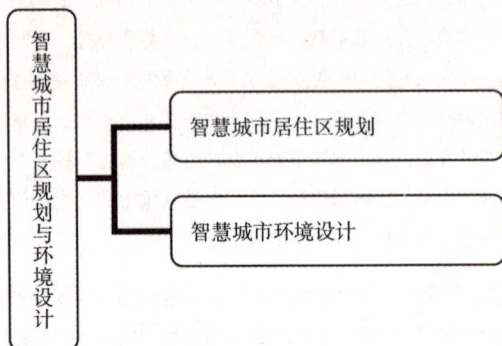

图3-5 智慧城市居住区规划与环境设计

一、智慧城市居住区规划

居住区规划是在城市总体规划的基础上,根据计划任务和城市现状条件,进行城市中生活居住用地综合性设计工作。它涉及使用、卫生、经济、安全、施工、美观等方面的要求,并综合解决这些要求之间的矛盾,为居民创造一个适用、经济、美观的生活居住用地条件。

智慧城市居住区规划属于智慧安居服务的范畴,融合了应用物联网、互联网、移动通信等各种信息技术,使居民生活"智能化发展"。具体内容包括:选择、确定用地位置、范围;确定规模,即确定人口数量和用地大小;拟定居住建筑类型、层数比例、数量、布置方式;拟定公共服务设施的内容、规模、数量、分布和布置方式;拟定各级道路的宽度、断面形式、布置方式;拟定公共绿地、体育、休息等室外场地的数量、分布和布置方式;拟定工程规划设计方案;拟定各项技术经济指标和造价估算。

智慧城市居住区规划需要把握的内容如表3-4所示。

表 3 – 4　智慧城市居住区规划需要把握的内容

要点	内容
居住环境	要为居民创造卫生、安静、舒适的居住环境。要选择合适的住宅类型；住宅布置要满足日照、通风，防止噪声和视线干扰，不受污染等要求；要为不同年龄的居民提供休息、活动的场地；要考虑防火、防震、防空、防盗等安全上的要求
服务设施	设置一套齐全、方便的生活服务设施。一些大型文化、商业服务设施一般采取集中布置，形成居住区中心；居民日常生活所需的粮食、副食、早点等服务网点要分散布置；占地面积较大的中小学、锅炉房等应布置在居住区内的独立地段
基础设施	要建设现代化的基础设施，包括道路、公共交通、给水排水、供电、供热、供燃气、垃圾清除、路灯、汽车及自行车停车场地等。私人汽车拥有量较大的居住区，采取车行道和步行道分离的设计原则，有的还设计专用的自行车道。居住区内的市政工程管线要合理布置，便于维修
建筑空间	要形成丰富、优美的建筑空间，外观上注意完整、统一并富于变化。居住区的内部空间应给人以亲切感，并有民族风格和地方特色。要特别重视绿化，改善卫生条件。低密度的居住区还可提供宅园用地
经济效果	居住区规划要取得较好的经济效果，需要采取适当的规划标准，布局紧凑，以节约用地、降低工程造价

二、智慧城市环境设计

环境设计又称"环境艺术设计"，指对于建筑室内外的空间环境，通过艺术设计的方式进行整合设计的一门实用艺术。环境艺术设计通过一定的组织、围合手段，对空间界面包括室内外墙柱面、地面、顶棚、门窗等进行形态、色彩、质地等艺术处理，运用自然光、人工照明、家具、饰物的布置、造型等设计语言，以及植物花卉、水体、小品、雕塑等的配置，使建筑物的室内外空间环境体现出特定的氛围和一定的风格，满足人们的功能使用及视觉审美上的需要。

智慧城市环境设计的特征及要求如表 3 – 5 所示。

表 3-5 智慧城市环境设计的特征及要求

特征与要求	内容
整体性	从设计的行为特征来看，环境设计是一种强调环境整体效果的艺术，在这种设计中，创造各种实体要素（包括各种室外建筑构件、景观小品等）是重要的，但不是首要的，因为最重要的是对整体室外环境的创造。环境由各种室外建筑的构件、材料、色彩及周围的绿化、景观小品等各种要素整合构成。一个完整的环境设计不仅可以充分体现构成环境的各种物质的性质，还可以在这个基础上形成统一而完美的整体效果。没有对整体效果的控制与把握，再美的形体或形式都只能是一些支离破碎或自相矛盾的局部
多元性	环境设计的多元性是指环境设计中将人文、历史、风情、地域、技术等多种元素与景观环境相融合的一种特征。如在城市众多的住宅环境中，可以有当地风俗的建筑景观，还可以有异域风格的建设景观，也可以有古典风格、现代风格或田园风格的建设景观，这种丰富的多元形态包含了更多的内涵与神韵：典雅与古朴、简约与细致、理性与狂欢。因此，只有多元性城市居住区环境才能让整个城市的环境更丰富多彩
人文性	表现在室外空间的环境应与使用者的文化层次、地区文化的特征相适应，并满足人们物质的、精神的需求。只有如此，才能形成一个充满文化氛围和人性情趣的环境空间。中国从南到北自然环境迥异，各民族的生活方式各具特色，居住环境千差万别，因此，居住区空间环境的人文特性非常明显，它是极其丰富的环境设计资源
艺术性	艺术性是环境设计的主要特征之一，环境设计中的所有内容都以满足功能为基本要求。这里的"功能"包括"使用功能"和"观赏功能"，两者缺一不可。室外空间包含有形空间与无形空间两部分。有形空间的艺术特征包含形体、材质、色彩、景观等，它的艺术特征一般表现为建筑环境中的对称与均衡、对比与统一、比例与尺度、节奏与韵律等。而无形空间的艺术特征是指室外空间给人带来的流畅、自然、舒适、协调的感受与各种精神需求的满足。两者的全面体现才是环境设计中的完美境界
科技性	这里所说的科技性特征包括结构、材料、工艺、施工、设备、光学、声学、环保等因素。现代社会中，人们对居住的要求越来越趋于高档化、舒适化、快捷化、安全化，因此，在居住区室外环境设计中增添了很多高科技系统，如智能化的小区管理系统、电子监控系统、智能化生活服务网络系统、现代化通信技术等，而层出不穷的新材料使环境设计的内容也不断充实和更新

智慧城市环境设计涉及居住区内环境设计和居住区外环境设计，两者的设计原则如表3-6所示。

表3-6 居住区内环境设计和居住区外环境设计的设计原则

设计原则	内容
居住区内环境设计	居住区环境设计应以建筑为主体，并以满足使用功能为本。在住宅室外环境设计中，所有室外构筑的设计都应围绕主体建筑考虑。它们的尺度、比例、色彩、质感、形体、风格等都应与主体建筑相协调，在两者的物质构成形式与精神构成形式形成有机的统一状态时，住宅的室外环境设计才能达到环境的整体和谐。室外环境设计是一种"以人为本"的设计，因此，先考虑满足人在物质层面上对于实用和舒适程度的要求。所有附属于建筑的设施必须具备齐全的使用功能，环境的布局要考虑人的方便与安全，只有这样，设计才是有价值、有实际意义的
居住区外环境设计	室外环境设计的目的有两个，一是满足生活需要；二是满足审美需要。对一些既具实用功能又具观赏功能的小品设施，其尺度、比例既要满足人体功能要求，又要与整体环境协调，其色彩、质感一般都与整体环境形成对比效果；布置的位置除符合使用的要求外，还应遵循想象力的美学法则。景观小品是居住区外环境中不可缺少的点缀。在居住区外环境中，绝不能忽视景观小品的设置，如雕塑、水景、灯具、桌椅、凳、阶梯扶手、花架等，这些景观小品色彩丰富，形态多姿。它们既给居住生活带来了便利，又给室外空间增添了丰富的情趣

搞好居住区域规划与环境设计对城市智库来说十分重要，应从标准化入手，全面考虑互联网技术的充分合理利用，并制定流程制度、组织治理的标准化方法、清晰的路线图，以便于指导标准化执行。

◎智慧城市智慧环保规划制订方法

智慧城市的建设呼吁智慧环保的同步发展，同时，智慧环保的发展也会大力推进智慧城市的建设。我国高度重视智慧环保的建设，早在中共"十八大"报告中就提出了"美丽中国"的概念。大力推进生态文明建设，建设美丽中国，注重智慧环保困境的解决之道。

下面，我们从三个方面来谈谈智慧环保，如图3－6所示。

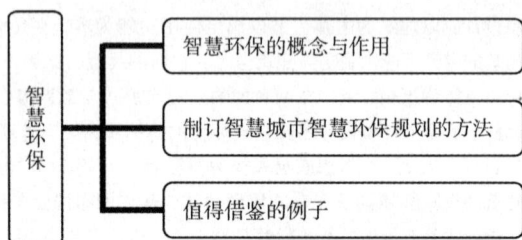

图3－6　智慧环保

一、智慧环保的概念与作用

智慧环保这一理念是基于相关技术的发展而提出的，从根本上说是数字环保概念的延伸和拓展，它是充分利用云计算、物联网、移动互联网、数据中心、系统集成、综合业务、环境监测管理等新一代信息技术，针对以大气环境、水环境为核心的多种环境监测对象，以感知为先、传输为基、计算为要、管理为本，构建环境与社会全向互联的智慧型环保感知网络，率先实现环境监测监控的现代化和智能化、环保物联网技术的标准化和产业化，探索环保物联网系统建设、运维的市场化和社会化，达到智慧环保总体目标。

智慧环保可以很好地满足公众对于环境状况的知情权，通过环境污染举报与投诉帮助环保部门更加有效地管理违规排污企业，保持环境良好。企业利用物联网技术可以提高企业的管理水平，监控企业产生的"三废"排量，可避免因超标排放或不合格排放而面临环保部门的天价罚单。同时，也承担起企业应尽的社会责任。

二、制订智慧城市智慧环保规划的方法

城市智库制订智慧城市环境保护规划的方法，就是通过建设一个开放性，集智能感知能力、人机互动智能处理能力、智慧专家指挥能力、专业政务工作综合管理能力于一体的新一代智慧环保服务平台系统，将数据采集、数据管理、数据分析及数据利用融为一体，同时辅以排污权交易管理平台来协助市场控制排放，做到环境管理体系化、环境监控可视化、环境服务公众化、环境决策科学化和排放减少信用化，最终达到"测得准，传得快，说得清，管得好"的效果，实现环境与人、经济乃至整个社会的和谐发展。

在制订智慧城市环境保护规划时，要注重保护自然环境，用科技手段开发及改善环境，寻找环境的可持续发展道路。通过智慧环保平台检测现状、分析趋势和风险预警，预防和管控环境资源污染，实现"现状、趋势和预警"结合与"防、控、导"一体；并且通过排污权交易平台实现市场配置环境资源，靠价格杠杆控制污染、推动污染减排，引导企业进行自我良性更新。

三、值得借鉴的例子

在这里，我们可以借鉴合肥徽腾网络科技有限公司的智慧环保解决方案。这家公司的在线监测与刷卡排污总量综合管理解决方案，是基于排污总量的控制、监测及指标交易而建立的综合信息管理平台，是实现人工管理到智能管理的工具。该系统采用了互联网、电子、计算机软件、通信、信息安全等方面的最新技术成果，有助于提高环保领域的管理效率。该公司的解决方案是强化总量减排控制的重要推动手段，对推动主要污染物减排、优化环境资源配置、实现经济转型升级、改善城乡环境质量具有重要意义。

解决方案以在线监测数据为总量计算依据，以实时定量检测为目标，通

过安装总量计量装置，对企业污染物排放总量进行计量控制。应用排污许可证 IC 卡电子证照管理模式，将 IC 卡作为企业的排污许可证副证，记录企业的相关排污总量信息，实现总量排放量化管理。监测企业实时排放量与许可排放量之间的比例关系，提供预警机制，促使排放量不足的企业通过临时租赁排污权的方式获得排污权指标。

方案中的总量检测指标为废气污染源总量检测指标（包括流量、二氧化硫和氮氧化物三项）和废水污染源总量监测指标（包括流量、化学需氧量和氨氮三项）。上述检测指标可以根据环境管理需要再行扩展。另外，综合信息管理平台包括总量计划、总量分配、总量监管、总量储备池、排污许可证管理、企业实时排放总量监测功能。

该解决方案还建立了辐射安全远程综合管理系统。"管核先管源"是环保监测机构的工作原则，目前放射源监管中主要采用 GPS 定位技术、位移传感技术、红外探测技术、视频监控技术、固定式辐射剂量率监测、手持辐射剂量测量等监管技术，此类技术都比较成熟，但只能监测，不能从"源"头上对放射源安全进行有效监管。

该解决方案的特点是，通过对智能化设备运行状态、污染物排放状况进行全面感知，给予设备智能化的物联网监控体系。基于软件系统支撑平台快速构建应用，采用高质、稳定、兼容性强的开发技术，快速构建统一的环境软件系统支撑平台；达到将各独立管理业务应用系统融为一体的目标。

现如今，"再生资源循环利用"、"节能减排"、"低碳环保"已成为提高生活和生产质量、降低环境危害、促进循环经济、保持可持续发展的关键词。从国家到个人，从政府到企业，城市中的各个组成部分都与环保息息相关。人们不能再创造一个适宜人居发展的自然环境，只能对其加以保护和合理开发，维系人与环境的和谐发展，是保障人类生存的根本。从这个意义上说，城市智库建设任重道远！

第四章　城市政务：互联网技术提升政务效率

　　网络政务是互联网时代"网络政府"概念的具体体现。政府在城市管理过程中，利用先进的网络技术更快更好地为市民服务，将会极大地提升数字时代的政务速度，而这一切恰恰就是智慧城市建设的重要元素。"互联网＋政府"，将政务服务平台由面对面转移到网络空间上去，要讲究诚心实意服务，并在技术平台的建设上加大投入，充实技术力量，让网络政务技术紧跟时代发展前沿。

◎ "互联网＋政府"：提升电子政府功能

　　电子政府是指政府内部在采用电子化和自动化技术的基础上，利用现代信息技术和网络技术，建立起网络化的政府信息系统，并利用这个系统为政府机构、社会组织和公民提供方便、高效的政府服务和政务信息。电子政府是电子政务的发展方向，电子政务是连通现实政府与电子政府的一座桥梁，是实现电子政府的前奏和基础；尤其是2015年"两会"期间"互联网＋"战略提出后，我国政府部门的职能正从管理型向管理服务型转变，而"互联网＋政府"，就是政府通过互联网这种快捷、廉价的通信手段，实现从电子政府到网络政府的转型和提升，全力打造开放型政府、信用政府、技术型政府和学习型政府。

第一，电子政务平台引导政府向开放服务型政府转变。

推动政府信息公开和公众参与，打造开放型政府是一个必然的趋势和潮流。我国各级政府机构正在利用计算机和网络等高新技术，将其办公环境、管理和服务职能迁移到网络上，从而超越时间、空间和部门分隔等的限制，向全社会提供高效、优质、规范、透明和全方位的服务，全面实现政府职能从管理型向服务型的转变。在这种转变过程中，政务协同办公平台将在政府机构内部，为政府工作人员提供将管理理念与业务处理实践相结合的高效、便捷的电子政务应用系统，为政府机构改革提供有力的支撑。

在这里，我们介绍一款相关工具，就是环球软件运用国际先进技术成功研发的电子政务平台协同办公系统。该系统的结构与功能包括门户平台、公文交换系统、单点登录、CA 接口和指挥协同系统，信息安全，管理及标准、规范体系贯穿于它的各个层面，如表 4-1 所示。

表 4-1　环球软件研发的电子政务平台协同办公系统的结构与功能

结构与功能	内容
门户平台	将原来彼此孤立、分散的信息资源和应用系统进行全面整合，提供给用户统一的信息访问入口，在保护原有投资的基础上，实现系统的平滑升级和扩充
公文交换系统	实现与办公自动化系统无缝集成的公文交换系统，数据交换中心作为公文交换的枢纽，将需要交换的公文自动分发到正确的位置，并提供分发过程中的加密功能，以保证公文交换过程的保密性。满足了与大多数现有办公系统之间的接口问题，还可以为尚未建立内部办公系统的机构建立网上应用，传递公文及各类通知信息
单点登录	用户可以基于最初访问的某个应用系统的一次性身份验证，而对所有被授权的其他应用系统进行无须再次登录的访问

结构与功能	内容
指挥协同系统	专门为政府各级领导定制开发的系统，通过本系统各级领导可以直接对下属各单位的相关人员下达命令，命令可以以邮件、手机短信等多种方式下达到相关的责任人，并实时跟踪命令的执行情况
CA 接口	虽然国家电子政务建设对 CA 中心的建设具有统一的规划，但是各省市电子政务 CA 中心建设的情况和所处阶段也有所不同。鉴于各地 CA 中心建设情况的差异，电子政务平台将在设计中保留必要的接口，以便在未来实现基于 CA 中心的政务应用

表 4－2　电子政务平台协同办公系统的特点及优势

特点及优势	内容
通过门户平台实现信息整合	利用 Portal 技术建立的信息门户平台，能够提供一个标准的信息发布与展示的平台，将来自不同政务应用系统中的数据，集中展示到门户平台中。并通过门户平台的用户权限管理功能，实现信息的受控发布与浏览，以及各政务应用系统间的单点登录。使得在大多数时候能够使用用户只通过自己的个人工作门户，就能够完成以往分布在不同业务系统中的待处理工作
与门户平台紧密集成的单点登录系统	用户可以基于最初访问的某个应用系统的一次性身份验证，而对所有被授权的其他应用系统进行无缝的访问。通过单点登录，从用户角度讲，能及时地访问到所需的资源，提高生产效率；避免了记忆多个用户名、密码，增强了用户体验；从安全角度讲，单点登录为其他应用系统提供了功能更强的身份认证机制，从而提高了整体的安全性；从管理角度看，单点登录有助于减少口令重复设置请求，减少了系统维护人员的工作量
基于数据交换平台的公文交换系统	满足国家公文交换标准的 XML 格式公文交换功能，提供灵活的可定制的公文交换路由管理功能，完全可以满足公文交换要求，提供了对外收发公文的平台
具备强大扩展能力的工作流引擎	满足国家对于政务办公自动化系统工作流的标准化要求。可以对流程进行调整与修改，并实现对工作流的动态跟踪，图形化直观显示工作流的处理状态，支持对政府机构内部的效能监控

特点及优势	内容
分布式与集中式相结合的体系架构	很好地实现各组织机构和用户方面的统一。解决政府机构中经常出现的领导分管与兼职情况，各领导机构及其下属单位的政务系统可以按各自的机构设置与管理模式，分别维护各套领导机构政务系统的用户与权限设置
作为底层管理工具的信息发布管理系统	可提供栏目配置、模板定制、用户权限管理等网站管理功能，还能够针对信息内容提供信息采集处理、信息内容审批、信息发布管理等多项功能，满足了从内容到配置的全方位网站管理的要求

环球软件电子政务平台致力于为我国政府建立一整套高效的电子政务应用，借助信息系统所提供的支撑环境优化、重组政府的管理流程，将分散在各业务系统中的信息进行有效的整合并展示在领导面前，为领导科学决策提供必要的依据，引导政府向开放式、高效率的服务型政府转变。

第二，加强对网络媒体的监督和引导，建设政府公信力。

政府信用是社会公众对一个政府守约重诺的意愿、能力和行为的评价，是在政治委托—代理关系中产生的代理人信用，反映了公众对政府的信任度。政府信用具有公共意识、规则意识、责任意识、示范意识，这些意识反映了政府信用具有公共性、规则性、责任性和示范性的特点。

我们正处于一个网络技术迅速发展的时代，网络作为一种新的传播媒介与参与媒介具有信息瞬间生成、瞬间传播、实时互动、资源高度共享、参与便捷等优点，这使得政府的一切行为都可能被赤裸裸地展现在众人的面前。近年来政府的各种失信行为在第一时间屡被曝光，无不与便捷的网络密切相关。在这种情况下，政府的诚信建设任务显得尤为紧迫，因为诚信的政府会成为企业和个人的典范，才能在构建社会诚信体系中具有更大的号召力和凝聚力，才能最大限度地消除失信在社会上造成的不良影响。

因此，除了加快转变政府职能、保障行政权力公开透明运行、完善相关机制，还要着重加强对网络媒体的监督和引导。一是政府要引导网络，媒体加强自律，尽量净化网络环境。二是要加强对网络从业人员的素质教育，建立高素质的从业队伍，同时还要加大力度对职业和非职业网络新闻传播者进行职业道德教育。三是要加强对网络的监管。

作为网络经营的第三方，网站有权利也有义务营造一个好的网络环境，维护好的网络秩序，履行自身的社会责任。相关权威部门还应该在第一时间对网络谣言进行澄清，加大政府信息公开的力度和可信度，公开相关事件的详细内容，还原事实真相，关注危机干预，使谣言在源头上得以破除。另外，应该从制度建设上着手，完善法律制度，依法管理、依法治理网络环境，对于制造谣言、传播谣言情节较为严重的别有用心者、无心好事者，给予法律上的制裁。从网络管理部门的角度来说，坚定不移地依法推进网络实名制，用相关制度来规范网络行为，加大对于网民群体的教育工作，增强抵御谣言的免疫力，提高公众的理论素养和国情知识，增强网民群体对于网络信息的辨识能力，不信谣、不传谣，不为谣言所惑、所动，彻底铲除网络谣言滋生的土壤。

卢梭说过："行政权力的受任者绝不是人民的主人，而只是人民的官吏；只要人民愿意就可以委任他们，也可以撤换他们。"现今公共网络的快速发展，为公众监管政府公共权力的行使提供了一个高效的途径。在新的时代背景要求下，政府角色转换应该与时俱进，政府行为应该向民主性转化，建设服务型政府刻不容缓。

第三，技术型政府的政务新媒体运营策略。

作为信息时代的公共服务龙头——政府网站在为公众服务中扮演了越来越重要的角色。当各级政府官员能够通过自己的门户网站获得公众意见，政府网站就成了获取信息最重要的渠道，成了公众和政府最重要的交流互动平台。这样，我国的技术型政府就会呈现勃勃生机。

政府网站与政务新媒体融合，首先是需要思维上的整体战略，然后在融合形式上，要将多种表现形式相结合，在网站、微博和微信层面确定三个主体，建立互访链接端口。其次是要进行内容融合，分为品牌融合和管理融合。品牌融合就是要确立新媒体平台的"个性"，保持"绝对统一"与"相对独立"；要挖掘政府网站的资源价值，策划满足用户预期的自定义内容；要寻找用户与政府的"接触点"；要掌握信息传播路径，提升舆情治理能力。最后是管理融合，管理融合就是要将机构、单位的管理与网站管理部门的管理相融合。

关于政务新媒体的运营，可以分为三个阶段，分别是初级阶段、成长阶段和成熟阶段。初级阶段侧重建设，在此阶段要清晰新媒体的定位与发展规划；成长阶段侧重改进，需要制订体系化运营手册；成熟阶段的新媒体已经可以稳重运行，这个阶段就要加大数据的分析运用。

政务新媒体内容需要"转译"。首先是我们的阅读体验需要转译，由于网站、微博和微信的阅读体验不同，所以同样的内容在不同的平台发表就要进行转译；其次是语言风格需要转译，独立的语言风格才是最好的选择，不要跟风"娱乐化"；最后是运营思维需要转译，我们需要注意的是，新媒体热点爆发具有偶然性和即时性，一件事情能不能成为热点不能用指标进行限定，也不是你投入多少资金和时间就能确保它会成为热点，热点事件有很大的不确定性。

新媒体时代政府网站塑造影响力，首先要思考信息如何有效地传达给每一个用户，确定客户是通过微博、微信还是 APP 来阅读。然后要考虑为用户呈现什么才更有效，就是优势资源如何呈现的问题。最后是如何与用户发生"强关系"，让用户对政府产生依赖，交通、天气、食品这些与民生息息相关的方面，在与用户发生"强关系"方面具有优势。

关于"政府网站＋什么"的问题，一是可以加微博，它等于"回应关切"；二是政府网站与微信相加的最大功效是"定制服务"；三是政府网站与APP相加等于"应用集合"；四是政府网站加客户端。政府网站加出的内容，可以发挥政府"品牌入口"的最大功效。

第四，建立"专业智能"的学习型政府。

学习型政府就是在政府内部形成浓郁的学习氛围，完善终身教育体系和机制，形成全员学习、团队学习、组织学习的局面，从而提高整个政府的群体能力。加强学习型政府组织的建设，关键是对"专业智能"的有效开发和利用。专业智能是新型经济、服务业和制造业大部分价值的创造源泉。

表4-3　建立"专业智能"学习型政府可采取的策略

策略	实施要点
开发专业智能	政府组织首先可以从高校或科研机构聘请部分学术顾问，进行专业智能系统的开发，也可以将这项业务外包给专门的知识管理或咨询公司，虽然这会花费一部分政府开支，但由于专业智能有利于学习型政府建设，可以帮助政府降低成本、提高效率，因此从总体看，支出要小于收益。其次需要对公务员加强情境模拟。只有通过不断接触复杂的实际问题，才可能迅速发现专业诀窍。此外，要加强学习绩效管理。传统的组织学习模式重形式，但却忽视了对效果的评估。电子政府时代的专业智能系统为组织学习的绩效评估提供了技术基础。知识管理部门通过对工作人员进行学习前和学习后的虚拟情景模拟测试，就可以轻松地对学习效果做出评估
组织转型	创建学习型政府，就要突破官僚制，创新政府组织结构，建立网状的以地方为主的扁平组织结构。通过专业职能系统中的数据库、网络技术减少政府中间层级，使公务员由从属关系转变为工作伙伴关系，这种人性化的组织有利于政府成员不断地学习，不断地提高，不断地创新
创建智能网络	为了能够最大限度地利用本组织的智能资产，许多企业正在采用一种自组织的网络形态。在新公共管理时代，我们可以将企业管理的模式引用到政府管理和建设中。通过完善公务员信息数据库，就可以根据政府的工作任务从数据库中调取需求人员的信息，组成一个临时的团队。这样不但可以减少公务员的数量，更重要的意义在于可以充分挖掘公务员的潜能，使每名公务将自己的优势用在最需要的地方，从而避免人才的闲置和浪费

学习型政府组织的建设不仅仅是简单的学习，更是对组织和组织成员进行人力资源的开发。随着电子政务在政府组织的推广，为创新组织学习形式提供了技术支持，使过去诸多停留在理论上的建议变成可操作的现实，极大地提高政府工作效率、激发公务员的责任心和工作激情。

总之，建设开放型政府、信用政府、技术型政府和学习型政府，都是互联网时代提升政府治理能力的重大基础工作，必须全力推进落实。这需要各级政府领导干部着眼于全面提高政府治理现代化水平，主动创新观念，用互联网思维推动政府自身改革和建设，让民众享有更好的服务和更多便利。

◎ 互联网技术与城市政务智能化管理

互联网技术发展迅速，信息化服务的空间越来越大。城市政务服务体系建设利用互联网技术，能够有效提升城市政务智能化管理水平。目前，可用于城市政务智能化管理的互联网技术，归结起来包括如下应用工程，如表4－4所示。

表4－4 城市政务智能化管理中的应用工程

工程	应用
智能交通工程	构建城乡一体的交通综合信息平台，鼓励车载信息服务、电子站牌、车辆识别等交通信息技术设备的研发和应用
智能电网工程	改造传统电网，新建一批智能变电站，推广智能电表，建设网架坚固、运行灵活、开放互动的智能电网示范城市
智能水网工程	整合水务、气象、海事、海洋、环境、港口等涉水管理部门的相关信息资源，完善相关监测、管理等服务体系

续表

工程	应用
数字城管工程	完善网格化管理信息系统，拓展城市管理范围和内容，加强管理数据的分析和研判，健全发现问题和快速处理问题的工作机制
数字健康工程	统一规划建立市民健康数据共享和交换体系，加强医药卫生信息化建设，推进电子健康档案和统一医疗预约服务平台建设，提升医院诊疗业务智能化水平，推进一体化医疗保险管理、异地业务和结算的发展
数字教育工程	加强教学软件、课件和教育资源库建设和共享应用，开展电子互动教育试点，推广电子学籍卡的应用
数字气象工程	创建市民问诊式的虚拟气象台，建设以精细、互动、贴身为主要特点的气象惠民信息系统，不断提高气象预测、预报能力
数字社区工程	整合建设市民综合服务热线，完善社区信息服务设施，提高社区事务受理"一口式"应用水平，推进为老养老、社会救助、防灾减灾等领域的信息化应用，支持智能小区建设
电子政务工程	探索建立全市统一的政务信息资源目录和交换平台，完善人口、法人、空间地理等基础信息库，加快建设网上审批系统和电子监察系统

所谓城市政务智能化管理，就是以需求为导向，积极运用先进传感、网络传输和信息处理技术，实施若干项重大信息化行动，推进城市管理和公共服务信息化，提升城市运行效率和管理服务水平。

一是实施数字城管行动。加强城市空间地理信息系统建设，完善规划土地与房屋管理、环境监测与市容监管、应急联动与处置管理等信息平台，促进城市专业领域管理精细化和服务便捷化。深化完善交通综合信息服务平台，拓展覆盖范围，注重数据采集，加强信息分析，提升交通管理与服务智能化水平。建立分工明确、协同高效的指挥系统，推动网格化管理向郊区新城和小城镇延伸，拓展管理内涵，提升管理水平。推进智能电网、智能水网和数字海洋等示范应用，促进城市公共基础设施管理智能化。

二是实施数字惠民行动。推动卫生、教育、旅游、气象、社区等公众关注度高、生活关联度大的公共服务领域信息化，提升社会领域信息化水平。建设以居民电子健康档案和医药卫生信息共享为核心的数字健康工程、以教育信息化公共服务平台为重点的数字教育工程、以社区管理与民生服务信息化为重点的数字社区工程。实施信息化无障碍工程，缩小不同人群和区域之间的"数字差距"。

三是实施电子政务行动。加快推进以信息共享、业务协同、应用集成为重点的电子政务建设，让全社会共享电子政务成效。加强重要信息系统建设，推进跨部门协同平台应用集成。建立集中与分布相结合的政务信息资源体系，强化基础信息的资源开发利用，促进政务信息资源的规范管理、快速查询和按需共享，为各类应用服务提供支撑。

如果说政府的各种数据资产是政府拥有或控制的能够给社会带来经济效益的数据资源，那么，建设城市政务智能化管理应用示范工程则可以享受指尖上的"智慧城市"。

◎城市电子政务互联网云方案

云计算是一种商业计算模型，它将计算任务分布在大量计算机构成的资源池上，使各种应用能够根据需要获取计算力、存储空间和各种软件服务。互联网时代"分布式"的用户需求，只能用"云"的结构来整合"分布式"的资源，以满足用户需求，也只有云组织才能生存。对城市电子政务而言，应用云计算制订城市电子政务互联网云方案，有利于促进区域产业结构优化升级，有利于促进区域相关服务业的发展，有利于促进以信息产业为代表的高新技术产业加快发展，有利于促进电子政务、电子商务软件和信息服务业转型发展。

政府服务云应用解决方案，常见的包括电子政务平台建设方案、基本通信方案、政府网站整合方案、数字城管解决方案、权力阳光解决方案、办公自动化解决方案等。其中的电子政务平台建设方案，具有更为广泛的应用。

电子政务平台建设的目的，是利用云计算的虚拟化技术结合现代通信技术把政府所有信息化资源统一接入和管理起来，利用电子政务网的基础网络，以服务的形式为有需要的政务部门提供政务服务，同时把政府部门的公开资源也通过平台有效地整合到一起，并以服务的形式提供给其他需要的部门或应用（如无线城市），实现无线资源、信息资源、政府的服务资源的充分共享，打造一个以"云计算"为核心的"数字化政务"。

建设电子政务平台的意义，从服务民生来说，可以快速实现低保比对、社会保险查询等民众关心的问题；从服务社会来说，创建活动中民众可以利用手机拍摄卫生死角进行举报，实现全民参与；从政务方面来说，可以提高政府效率，保证政令畅通，提升政府在公众中的形象；从资源的视角来看，统一资源管理可以实现节能降耗，统一平台建设可以避免重复投资。

表4-5 平台建设应满足的需求及其内容

需求	内容
开放性和标准性	实现信息交换和资源共享，面向公众提供服务，增强各部门工作的透明度。支持数据、语音和视频业务，运行各部门的业务系统，实现各网间的信息交换和资源共享，同时建立完善的信息安全体系和相应的备份系统
网络模型统一	电子政务网是一个城域网和广域网，实现横向和纵向互联互通，实现信息共享。形成实体政务网、虚拟业务网
数据中心集中	以地级市以上单位建立行业数据中心，减少安全区域、减少被攻击点、中心数据交换、方便信息共享、集中安全控制、提高信息安全、减少维护人员、节约人力成本

需求	内容
安全体系 完善	遵循信息安全管理标准，安全管理是信息安全的关键，人员管理是安全管理的核心，安全策略是安全管理的依据，安全工具是安全管理的保证。防御范围包括仿冒伪造、信息窃取、边界保护、入侵检测、蓄意破坏、病毒与蠕虫、恶意移动代码、拒绝服务、带宽滥用
设备选型 先进	网络设备选择要杜绝网络后门的出现，在满足功能、性能要求的前提下，优先选用具备独立知识产权的国内民族厂商产品，从设备选型上保证电子政务网络的安全性
业务流程 标准	电子政务业务的核心理念是做到标准业务、统一平台、统一规划、分步实施。实现政府对公务员、政府对政府、政府对企业、政府对公众的管理和服务。此外还要实现集成的信息管理

城市电子政务互联网云平台，是基于连接各级党政机关的高速宽带政务网络系统，提供数据、语音、视频传输的统一网络平台，能够全面满足政府办公需要。比如，实现区、镇各级党政机关间公文信息传递、交换、处理的电子化，实现公文等信息的充分共享和广泛使用，在网上提供方便、快捷、透明的"一站式"电子政务服务等。

◎ 城市政务网络运营模式初探

城市政务网络运营是应用好政府网站的关键，换句话说，用好政府网站需要积极探索运营模式：一是要注重建设和应用相结合的原则，防止出现"建而不用"和"稍用即弃"的现象；二是要坚持需求主导、突出重点的原则，真正使网站能够服务公众和企业，而不是"花架子"；三是在过程中坚持"规划、实施、监理、评估与推广"五结合的原则和"标准、开放、安全"三前提的原则；四是坚持"内外结合、发挥各自优势"，不搞"关门主义"，不从头再来的渐进发展原则。

表4-6 城市政务网站的建设模式

建设模式	内容
完全自建模式	是指除购买必要的硬件设备和通信设施外，依靠自身资源进行规划设计、软件开发和网站设计；此模式的优点是节约资金投入，与业务能够较好结合，缺点是技术和应用系统通常保障能力差，专业性较差，时间周期很长；要求自身具有很强的网站规划和软件开发能力，投入人力和时间有足够的保障
合作建设模式	是指依靠较为专业的开发商，购买专门的软件系统，自己进行规划和网站设计。此模式的优点是利用了专业的应用系统，缺点是自己参与较多，专业性不足，开发时间较长；要求自身具有很强的网站规划和网页设计的能力；要求对网站很熟悉
完全外包模式	是指网站的规划设计、软硬件系统和网站设计主要依靠外部的专业力量（综合集成商）来完成，自身处于指导、决策和监督地位。优点是网站建设质量很高，实施周期短；缺点是投入费用较多

表4-7 城市政务网络运营的模式

运营模式	内容
完全自主模式	主要是指完全依靠自身机构的力量进行网站运营，但此模式通常存在人力资源不足，吸纳外部的经验和知识能力相对较弱，部分栏目和频道因为责任和压力机制不足而维护较差
部分外包模式	主要是指部分业务外包交由专业机构来维护，例如网站的部分栏目、安全维护、培训等。这是目前最为理想的运营模式之一，既保障了网站的核心部分为自身所掌握，又把自身不擅长的业务交由第三方来运营，而且相互配合，有助于经验交流
完全外包模式	是指完全委托专业机构代为运营；这种模式的优点是政府责任相对较轻，人员投入较少，但缺点是很难及时、准确维护好，特别是业务处理与互动环节

网站管理是运营的重要内容。随着政府网站在电子政务和公共服务中的

位置越来越突出，如何做好网站日常运维已经成为电子政务的重要工作，而做好这项工作，需要从管理角色、经费投入、组织架构、日常业务和外包关系、管理制度五个部分进行考虑。

一是管理角色。它是指各个权力主体在政府网站中所扮演的功能。目前政府网站的管理角色比较多，通常分为办公厅（室）与信息中心型，信息化主管机构直接管理型，以及新闻宣传部门、信息中心、信息化部门的混合型，甚至还包括发展和改革委员会等多种模式；在这些众多角色中，又通常分为决策、执行、技术保障、内容审查、项目审批等几个角色。目前政府网站的管理机制还处于探索之中，有些职责和角色定位还有待清晰。

二是经费投入。目前，政府网站经费的投入通常有几种模式：发展规划费用；建设实施费用；运营维护费用，其中发展规划费用包括三、五年网站（群）发展战略规划和内容、安全及平台等规划费用，建设实施费用主要包括系统开发、软硬件投入和监理费用，运营维护费用包括网站推广、日常维护和绩效考核奖励等费用。关于经费投入问题，目前通常按照项目形式，但规划和维护费用，一些地方相对有完整的、固定的、稳定的投入，而有些地方还没有形成，还没有列入政府的专项财政预算中去。

三是组织架构。目前政府网站运作组织架构还处于不断完善期，因其部门或地区特征、经费投入、人员编制等因素，规模差距较大。按照网站的实际运行状况来看，通常分为内容保障部门（或编辑部门）、技术维护与支撑部门（有的机构包括网络安全保障和软件开发等）及综合管理部门三大块，其中综合管理部门还承担着网站群的管理和指导工作，越来越多的单位增加了这个职能；人数从两三人到数十人不等，甚至个别网站只有一个人，也有的大型政府网站人数多达数百人。

四是日常业务和外包关系。网站的日常业务通常包括网站管理、内容保障、技术保障和信息回复等。网站管理主要是从全局角度做好网站的发展规划和制度设计，协调各个方面的因素来共同作业。目前从发展的现状来看，随着网站的信息和服务越来越多，网站的地位越来越重要，网站的日常业务迅速增加，导致业务外包的快速发展，目前政府网站的业务外包主要集中在技术维护和部分内容的保障方面，个别地方已经在尝试全面外包运营。走专业化外包道路将是政府网站运营管理未来发展的一个方向。

五是管理制度。网站管理制度建设包括八个方面的内容，如表4-8所示。

表4-8 网站管理制度建设包括的内容

制度建设	内容
组织管理制度	明确网站管理的组织机构；定期组织人员培训，保证网站工作人员具备必要的专业技术能力
信息发布制度	应制定信息公开目录，明确信息公开的范围；制定信息发布规范，明确内容要求、格式规范、信息来源标注等要求；明确信息发布审核流程，规范信息采、编、审、发等各环节要求
在线办事制度	明确在线办事的处理流程，规范办事事项的办理程序；明确在线办事的时间要求，保证事项按时完成；建立在线办事的使用帮助机制，提供办事咨询服务，方便用户办事；建立在线办事的持续改进机制，定期分析用户使用情况，不断丰富事项内容、改进服务质量
公众参与制度	规范用户来信或留言的处理流程，建立处理答复机制；明确用户来信或留言的处理反馈时间，做到及时答复；规范用户来信或留言的答复质量要求，答复内容应准确、详细、无歧义；规范用户来信或留言的统计工作，定期分析、汇总用户反映的问题
技术维护制度	建立操作系统维护机制，规范系统设置、系统更新等要求；建立应用系统维护机制，规范系统的程序开发、代码维护、产品测试等要求；建立日志管理机制，规范各类系统日志的保存和管理等要求；建立数据备份机制，规范备份策略、恢复操作等要求
网站安全制度	建设安全体系，从技术、管理和服务三方面规范网站的安全管理；制定完善的安全管理规范，明确人员岗位职责、工作要求等
应急响应制度	制定应急响应预案，规范紧急情况下的事件处理流程、应急资源存放位置、人员联系方式、上报流程等；建立定期演习和测试机制，保证应急预案有效

制度建设	内容
培训制度	重视人才建设，建立信息化培训制度。目前各地都非常重视人才建设，为人才招募、培训、交流提供了大量资金；重视各类人才的交流和合作，加强对政府公务员和全民计算机技能和信息化知识的培训，培养电子市民和利用信息化资源的群体

综上所述，政府网站是电子政务建设的重要"抓手"，集中反映了对电子政务的建设要求。所以，政府网站运营应注重政府网站的使用情况、公众使用的满意情况、在机制上有无保障网站长效运行服务质量的制度、能否达到改善公共服务、加强社会管理、强化综合监管、完善宏观调控的公共行政功能等，而不是拘泥于对网站建设硬件的投入与产出效能转化的比较分析。这样，才能制定出与环境相符的、反映用户评价的、体现国家改善公共服务目标的绩效评估指标，以推动法治、服务、责任和效能政府的建设。

◎ 大数据应用助力城市建设决策

以互联网、物联网、电信网、广电网、无线宽带网等网络组合为基础，产生了以互联互通、整合、协同、创新发展为主要特征的城市发展新模式——智慧城市。智慧城市的建设带来数据量的爆炸式增长，而大数据就像血液一样遍布智慧交通、智慧医疗、智慧生活等智慧城市建设的各个方面，城市管理正在从"经验治理"转向"科学治理"。

大数据应用为智慧城市建设提供强大的决策支持。在城市规划方面，通过对城市地理、气象等自然信息和经济、社会、文化、人口等人文社会信息的挖掘，可以为城市规划提供强大的决策支持，强化城市管理服务的科学性和前瞻性。在交通管理方面，通过对道路交通信息的实时挖掘，能有效缓解交通拥堵，并快速响应突发状况，为城市交通的良性运转提供科学的决策依据。在舆情监控方面，通过网络关键词搜索及语义智能分析，能提高舆情分析的及时性、全面性，全面掌握社情民意，提高公共服务能力，应对网络突发的公共事件，打击违法犯罪。在安防领域，通过大数据的挖掘，可以及时发现人为或自然灾害、恐怖事件，提高应急处理能力和安全防范能力。

大数据应用将极大提高智慧城市政府部门的决策效率和服务水平。智慧城市的建设首先需要一个"智慧政府"，大数据使数据共享成为可能，政府各个部门的既有数据库可以实现高效互联互通，极大提高政府各部门间协同办公能力，提高为民办事的效率，大幅降低政府管理成本。

此外，大数据将显著提升智慧城市中人们的生活品质，拓展民众生活空间，引领智慧城市大数据时代智慧人生的到来。大数据是未来人们享受智慧生活的基础，将改变传统"简单平面"的生活常态，通过大数据的应用服务将使信息变得更加泛在、使生活变得多维和立体。

建设智慧城市，是城市发展的新范式和新战略。大数据将遍布智慧城市的方方面面，从政府决策与服务到人们衣食住行的生活方式，再到城市的产业布局和规划，直到城市的运营和管理方式，都将"智慧化"或"智能化"，是智慧城市的智慧之源。

◎信息安全是城市建设的战略重点

智慧城市在建设过程中，将面临严重的"信息安全"挑战，如果不给予高度重视，将产生严重后果。目前，国际网络空间的对抗态势十分严峻，国家级、集团级的网络攻击时有发生，地下黑客产业链已经形成，群体的网络攻击形式比比皆是。社会上存在大量个体利益驱动的信息安全犯罪，信息应用系统的社会工程犯罪屡见不鲜，信息产品和系统漏洞的存在已成为被攻击的源头。实现网络宽带化、数据集约化、应用智能化的目标，更重要的一方面，是重视信息安全，构建好城市信息安全保障体系。

为了增强信息安全，除了采用常规的信息安全措施外，现在人们越来越强调"本质安全"，即要求尽可能地采用自主可控的基础软硬件，尤其是信息化关键核心技术和信息基础设施，对信息安全具有决定性作用，如果它们不是自主可控的，要想保障信息安全往往是不现实的。

例如，过去我国的信息基础设施基本上被 IBM、Oracle 和 EMC 这三家企业所控制，被称为"IOE 依赖症"。曾几何时，这种格局还被认为是天经地义的，但"棱镜门"事件揭示出，这三家都属于帮助实施"棱镜门"之类监控计划的"八大金刚"之列，采用它们的软件、硬件所构建的信息基础设施，实际上为实施监控计划大开方便之门。于是，我国业界提出了在信息基础设施领域"去 IOE"的任务，即用国产软件、硬件逐步替换"IOE"，使我国的信息基础设施能更好地适应保障信息安全的需求。显然，这正是我们在智慧城市建设中应当重视的问题。

同样，在信息化关键核心技术方面，受制于人的问题也很严重，最突出的是智能终端操作系统。所谓智能终端，包括传统桌面 PC、笔记本和超级本等桌面使用的电脑，智能手机和平板电脑等移动智能终端，智能电视和机顶盒等家用智能终端，以及其他可穿戴设备、车载终端设备等。这类智能终端使用的操作系统具有高度的垄断性，现在全世界基本上只有三家企业拥有这一系统：苹果、谷歌和微软，而这三家也都属于帮助实施"棱镜门"之类监控计划的"八大金刚"之列。

中国尽管是世界上智能终端的最大制造国，可是我们制造的所有智能终端用的都是这三家的系统。这种局面不改变，不仅我们智能终端制造业的利润和发展受到制约，而且信息安全也得不到保障。试想，如果所有智能终端都运行外国操作系统，而掌握操作系统的公司通过信息网络，很容易获取用户的各种信息，包括身份、账号、位置、联系人、日程安排、重要文件、兴趣爱好等，这样，我国数以十亿计的智能终端用户的信息都可能被别人收集起来，用大数据技术进行分析，在这种情况下，我国社会的任何活动都没有秘密可言了。显然，在智慧城市建设中，我们也应重视采用国产智能终端操作系统的问题。

总之，智慧城市建设越发展，信息资源越集中，信息安全的保障就越重要，所以需要相关部门、专家和相关企业的共同支持。把握政策性与技术性，乘智慧城市建设兴起之机，政府的政务水平将会提升，企业将获得新的发展。

◎ 公共服务型政府的共治模式

所谓"公共服务型政府"，从经济层面上说，政府不应该作为微观经济主体直接参与市场竞争或者依靠垄断特权与民争利，而主要是制定公平的规则、加强监管。从政治层面上说，政府要确保为社会各阶层提供一个安全、平等和民主的制度环境，全心全意为人民服务。从社会层面上说，政府要从社会长远发展出发，提供稳定的就业机会、义务教育和社会保障，调节贫富差距，打击违法犯罪等，确保社会健康发展。

按照与社会主义市场经济和对外开放相适应的要求，政府部门与民众、社会其他组织共同治理、共同管理、共同生产与共同配置，可以保证政府决策的科学性和民主性，实现公共利益最大化。根据公共服务型政府治理模式的特征，公共服务型政府的共治模式有以下取向和特征：

第一，从职能转变向工作流程再造转变。

对一个负责任的政府来说，承担公共服务的职责，追求公共服务的高质量，提高社会、公众对政府提供公共服务的满意度，无疑是其追求的最主要目标，也是政府的核心价值所在。

要想实现高质量的公共服务目标，转变职能是必由之路。经过近年来的实践，转变政府职能，正在经历着从宏观向微观、从表层向深层、从粗放型向专业化的过渡。而其中最显著的一个趋势，就是建立和完善实用的公共行政管理系统平台，或者说，就是规范和优化工作流程，使之更加科学，更加符合国情、市情、区情。

政府工作流程转变的思路大体有两方面：一是改变传统的层级化组织结构，最大限度地提高公共服务的质量，使政府服务向"实时化"、"一站式"、"跨机关"模式发展，任何公民都能享受到政府工作人员统一标准的服务；二是通过数字化和信息化建设，对社会经济生活实施更加有效的管理，从而增强快速反应能力，为百姓的工作和生活带来更多的便利。

第二，从低效行政向高效行政的转变。

现代行政体系，以注重效率为基本特征。这里所谓的效率，就是指这个行政系统能够以最少的行政资源为大众提供最好的行政服务。

一是行政行为应更加讲求实效，更加注重投入产出比。先要转变思维方式。国际上现行的行政管理模式大体分为两种：一种是把重点放在问题发生之后的处理上，称为"后果导向管理模式"；另一种是针对这些问题产生的根源进行治理，称为"原因导向管理模式"。也就是说，在实施行政管理时，不仅需要突击式地解决已经发生的问题，而且要深入分析问题发生的原因，最终铲除问题存在的土壤和条件。

二是应注重简化程序，提高效能。为了建立精干型政府，必须着力缩减中间管理层次，使服务更为直接、快捷、通畅。在管理层面上，可以大胆借鉴企业经验。企业管理经验中的创新精神、竞争意识、绩效管理、目标管理等管理理念和机制，对于提高办公效率、改善服务质量是有益的，更是可行的。政府应当根据实际情况，有选择地学习借鉴。在技术层面上，应更加注重网络化建设。一方面大力发展"电子公文"、"网上采购"、"远程公共事业管理"等电子化、自助化行政模式；另一方面加强不同系统和机关之间的信息资源共享，政府的施政质量、办事效率将大大提高。

第三，从"依人治理"向"依法治理"的转变。

"依法治国"写入《中华人民共和国宪法》，这标志着我国政府治理理念和模式的一个巨大变革，即实现从"依人治理"向"依法治理"的转变。

一是正确行使公权力，从私权力领域退出。由于计划经济模式的影响，我国各级政府的公权力始终处于"一股独大"局面，不但得不到私权力的有效制约，而且还时常有意无意地介入私权力的领域。在构建社会主义和谐社会的过程中，保障人民按照自己的意愿自由地行使权力，使公权力对私权力的干预降到最低限度，从而更加有效地维护公共利益，是一项艰巨的任务。这可以通过以下三个途径来实现：首先，充分尊重和维护公民的合法权益；其次，可以把一些原本就不应由政府承载的职能还给相关的社会组织去行使；最后，推行公共服务市场化。

二是严格依法行政。现代行政应当是依法行政。所谓依法行政，就是政府以法律为主要手段对社会进行管理，政府的行政行为以法律为准绳。简而言之，就是政府行为必须受法律的约束和控制：强化法律意识；规范行政行为；自觉接受监督。

第四，从内部操作向公开运行的转变。

社会主义市场经济是以公开、透明为基础的，我国各级政府要想更好地担负管理社会经济事务的职能，就必须顺应趋势，加快改革步伐，实现政务公开、政策和法规透明。

一是建立制度。必须从制度上根除以前存在的"暗箱操作"现象，将行政行为的公开纳入制度化、法制化轨道。

二是鼓励民主参与。主要是自觉地维护公民通过投票、发表对公共事务的意见、提出批评、建议等各种形式和途径参与立法、重大问题决策、行政管理和其他公共事务的权利。

第五，从单一治理向共同治理转变。

"共同治理"的理念来自现代企业。其核心是通过企业内的正式制度安排，确保每个产权主体具有平等参与企业所有权分配的机会，同时又依靠相互监督的机制来制衡各产权主体的行为，以统一于提高企业适应能力的共同目标。

这一理念，值得我国各级政府借鉴。政府的治理过程，绝非政府单方面行使权力的过程，而是政府与整个社会互动的过程。政府与社会各种力量之间互动的能力愈强，产生的能量愈大。传统的那种"强政府、弱社会，政府单独主治"的局面实难解决日益增加和复杂的公共问题，无论愿望有多好，都会受到自身治理能力的限制。政府部门已经无法成为一个唯一的统治者，它必须与民众、社会其他组织共同治理、共同管理、共同生产与共同配置，从而实现公共利益最大化。因此，政府、社会、公民的合作共治已成为当代重要的政府治理模式。

总之，要通过各项改革与调整，充分发挥政府担负的经济调节、市场监管、社会管理和公共服务职能，从而为政府如何在市场经济条件下更好地履行为人民服务的根本宗旨，进行有益的探索，在构建社会主义和谐社会的伟大实践中，做出应有的贡献。

◎城市组织的崛起与城市政务

城市组织是根据国家法律注册的独立法人，在组织机构上属于自主类组织，是民间自发形成的，是一种非营利组织。它们作为政府、企业之外的新角色广泛参与社会各领域的活动，在社会经济发展中扮演着越来越重要的角色，其作用和影响也渗透到了千家万户。组织成员主动介入城市环境保护与生态文明建设，成为建设生态文明城市中一股极具生命力的民间力量。在城市规划与建设过程中，许多社会问题的解决几乎都涉及城市组织，因此，改善法律政策环境、建立社会问责和交代机制、加强人员培训、建立专业化服务网络等，也是城市政务的工作内容。

我国城市中的这些非营利组织大致可以分为三种形态：一是社区自治组织，它们是城市建设过程中不可忽视的重要参与力量；二是城市亚组织，即一种建立在打麻将和打牌之外的社群组织，致力人的提升和终身学习的组织结构，实现个人资源在亚组织中的再组合；三是城市公益组织，即用自己的长处来为城市中的人做贡献的人，城市中的人能够共享其他人的知识服务。

政府在与这些非营利组织的合作中，积极姿态是首要的，同时非营利组织也要加强自身的建设并做出积极的回应。二者良性互动，才能让城市更加健康地发展。

一是非营利组织要摆正与政府的位置。我们的政府是人民的政府，虽然也存在着种种官僚主义和不正之风，但它仍是人民利益最重要的代表者。非营利组织可以在一定程度上批评和监督政府，但两者应当是友好合作的关系，而不是相互对抗或取代。政府支持、资助非营利组织，非营利组织也为政府分忧、承担部分公益事业。非营利组织要积极与政府和企业建立良好的三方合作，求同存异，共同促进我国经济和社会的发展。

二是倡导民间捐赠，提高自身战略管理能力。国外非营利机构的筹资模式的经验表明，政府支持、私人付费和民间捐赠是非营利组织的三大收入来源。现阶段要解决经费不足问题的主要出路在于鼓励民间捐赠和提高非营利组织的资金管理能力。鼓励民间社会公众的志愿捐赠，并保证捐赠人的利益。

三是提高人员素质、加强经营管理。非营利组织的成功与否，人才是关键。这一方面要求组织的工作人员不仅要有利他主义的奉献精神、有对组织使命的认同，同时还要有所需的专业知识和特定的技能；另一方面则要求组织的领导层要善于经营管理，避免腐败事件的发生。因此，对于组织机制来说，一方面要建立有效的激励机制；另一方面在领导机构的组成上要合理搭配，在决策程序上要实行民主，从而实现有效的治理。

四是建立严格的、透明的、完善的财务报告制度。中国非营利组织公信度不高、筹资能力不强，在很大程度上与自身不完善的财务制度有关。财务的透明度是树立非营利组织公信度的基础，如果没有严格和透明的财务制度，那么非营利组织的廉洁性就无法得到制度上的保证，那也就无法吸引更多的社会捐款和赞助。因此，我国非营利组织应按照有关法律对财务制度的规定和要求，建立完善的财务报告制度，定期或不定期向社会公布组织的财务状况，在年终由会计做年度财务报告，并通过注册会计师等作外部审计，同时也向有关政府部门报送组织的财务报表，接受政府的监督和检查。

五是加强科学研究，保持创新能力。创新是非营利组织的一大优势，这种优势既表现在新技术和新生产方式的创新，也表现在新的社会组织方式的创新；而这仅靠理想和热情是远远不够的，它要求非营利组织要依靠专业人士，通过科学研究来保持自己的创新能力。因此，非营利组织要能够对各种新的需求和机会迅速做出反应，积极引导社会发展的潮流。非营利组织要想得以持续发展，最根本的途径是真正做到利他主义和专业精神并举，进而达到理想、知识与权力的良性结合，从而为创建一个公正合理、富有活力的公民社会做出自己应有的贡献。

六是扩大与国际公益机构的合作，吸纳海外公益性援助项目。在中国发展的非营利组织，自身应注重加强与国外公益机构的交流与合作，同时，政府也应当鼓励国内公益社团加强与海外特别是西方发达国家公益社团的交流与合作，学习和借鉴发达国家公益事业发展的先进经验。

总之，我国的非营利城市组织的发展还处于起步阶段，这就需要政府的扶植与培养。在当前阶段，政府的主要作用就是改善对非营利城市组织的行政管理体制，这也是公共权力分散化、社会化的必然趋势。反过来，非营利城市组织的发展也必然会推动我国行政管理体制的民主化和科学化。

第五章 公共服务：互联网
技术创建和谐人居

　　城市公共服务对接上移动互联网，在智能交通、智能教育、智慧医疗、文化娱乐、体育设施等各个领域，都获得了突飞猛进的进展，而且硕果累累。其迸发出来的能量是令人瞩目的，"只要我愿意，没有不可能"，北京一位市民的这句话，可以看作是鲜明的写照。互联网技术在城市公共服务领域开创了新业态，成为创建和谐人居过程中一道道靓丽的风景。

◎城市智能交通应用系统之交通控制

　　智能交通系统是将先进的信息技术、数据通信传输技术、电子传感技术、控制技术及计算机技术等有效地集成运用于整个地面交通管理系统而建立的一种在大范围内、全方位发挥作用的，实时、准确、高效的综合交通运输管理系统。包括车辆控制系统、交通监控系统、车辆管理系统和旅行信息系统等子系统，着眼于交通信息的广泛应用与服务，并提高既有交通设施的运行效率。

　　限于篇幅，以下从城市智能交通控制角度论述了一些提高城市道路安全的措施。这是因为它具有较为广泛的应用：可以减少交通事故，增加交通安全；缓和交通拥挤，提高交通效益；减少环境污染，降低能源消耗。

第一，城市道路交通控制系统的分类。

城市道路交通控制系统可以从不同的角度进行分类，这里分别从空间关系、控制方式上对城市道路交通控制系统简单分类。

表5－1　按空间关系划分的城市道路交通控制类型

类型	内容
单个交叉口的点控制	是一种最基本的控制方式。孤立交叉口点控制的参数是信号周期和绿信比，控制的目标一般是车辆延误和交叉口的通行能力。在理想的情况下，希望总延误时间最短和交叉口的通行能力得到最大的利用。由于点控制的设备简单、投资少、维护方便，至今仍是应用较多的一种信号控制方式
干线交通的协调控制	城市路网中的交通干线承担着很重的交通负荷，保证干线的交通畅通对改善一个地区甚至一个城市的交通状况往往起着至关重要的作用。为了减少车辆在各个交叉口的停车次数，特别是当干线的车辆比较畅通时，相邻交叉口之间的控制方案宜采用相互协调的控制策略。最初协调信号计时的方法是基于绿波的概念，绿波控制能有效提高车辆行驶速度和道路通行能力，确保道路畅通，减少车辆在行驶过程中的时间延误和能源消耗
区域交叉口的网络控制	区域交通信号控制的对象是城市或某个区域中所有交叉口的交通信号。在这种控制方式下，交通信号机将交通量数据实时地通过通信网传至上位机，上位机根据路网交通量的实时变化情况，按一定时间和步距不断调整正在执行的配时方案。上位计算机同时控制一个城市区域中的多个交叉路口，实现区域中交叉口之间的统一协调管理，提高路网的运行效率。通过这种控制方式，容易实现对交通路网的统一调度与优化管理

表5-2　按控制方式划分的城市道路交通控制类型

类型	内容
定时控制	以历史交通流数据为依据，找出每日、每周和不同时间段的交通流变化规律，用人工方法或计算机仿真等手段预先准备好不同日、周和不同时间段内使用的配时方案，它属于开环控制，不易根据车流状况实时调整控制方案。由于定时控制对交通信号机的要求低，无须实时交通量的监测，因而仍然是目前城市道路交通系统中应用较为广泛的一种控制策略
感应控制	是根据车辆监测器测量的交通流数据调整相应的绿灯时间的长短和时间顺序，以适应交通流的随机变化。这种方式比定时控制有更大的灵活性
自适应控制	是根据监测到的有关道路交通信息，并基于预测模型预测到的未来交通需求，从系统信号配时方案库中选择相应的优化方案，或实时计算产生相应的优化控制方案实现交通自动控制
智能控制	严格意义上讲，智能控制不仅仅是交通信号的控制，而是整个交通系统的控制，即智能交通系统。智能交通系统是交通控制的最高层次，它将先进的信息技术、数据通信技术、检测传感技术、自动控制理论、运筹学、人工智能和计算机及其网络等一系列高新技术综合运用于交通运输各个子系统，从而建立起一种大范围、全方位发挥作用的实时、准确、高效的交通运输综合管理体系。智能交通系统把人、车、路和环境等交通运输系统的各个环节有机整合，从而使车、路的运行功能一体化和智能化。智能交通系统是解决交通问题的必由之路，安全、高效、环保、低耗、快捷、舒适的绿色交通是智能交通的发展方向

第二，城市智能交通控制系统设计。

智能是一种应用知识对一定环境进行处理的能力，或对目标准则进行衡量的抽象思考能力。智能交通系统的设计，旨在利用人工智能的理论和方法，解决交通问题的综合系统。多智能体系统是当今人工智能中的前沿学科，对于具有剧烈变化的交通情况（如交通事故），其分布式处理和协调技术更为适合。

在交通模型中，路段智能体既具有单个路段流量实时更新的能力，又能够为相连接的信口提供交通流数据，以进行和优化信号配时；根据上级区域交通流信息进行车流调控，同时通过路口与其他路段进行数据交换；与其相对应的信号控制模型中，根据路段智能体提供的信息，进行信号配时，并协调路段之间交通流的动态平衡。

区域智能体除了具有与路段智能体一样的功能，例如获取交通流信息，为信号控制数据提供支持；相互之间独立，能够单独运行等特点之外，还能够根据区域交通流运行情况，对交通路口进行信号协调，实现以最优化控制相应路网运行的交通目标，自主决定相应的控制策略，并将信号配时结果及时下发区域内每个信号，同时将交通需求和控制效果传送给上一层决策层，即交通管理中心。区域智能体在路段智能体和中央管理智能体之间起到承上启下的作用，与整个交通路网传递交通流信息；并与同级其他区域智能体进行信息交换，为交通控制提供服务。中央管理智能体由城市交通控制决策系统构成。其功能是根据路网结构、交通监测及交通阻塞等因素对整个交通路网的运行状况做出评估，其目的是寻求整个系统的性能指标最优，运用其优越的推理和规划能力使系统运行在最优状态。在信号控制系统中，路口级信号控制根据相连接路段智能体的交通流信息，通过控制决策给出路口信号配时。路口级信号控制将路口交通流信息和信号配时传递给上层区域控制，而上层区域控制则反馈控制命令，若某一区域中某一路口在某方向城市交通网络区域拥挤，区域控制通过给出控制命令，调节与其在同一路段上的其他路口信号配时，达到尽快缓解拥挤、减少区域总体延误时间的目的。区域控制之间传递的则是该区域内交通流信息，若某一区域出现拥挤路口，调节区域内以及相邻区域信号配时，引导车流分散以缓解拥挤，并通过路边信息指示牌或交通电台信号引导车辆分流。而区域控制与交通控制中心之间传递的是区域交通流信息。调节路网交通流动态平衡，并向中央交通控制中心提供信息，以实现城市交通集中与分散的控制方式。

智能交通系统是一个涉及面广、综合各种高新技术的研究领域，而城市智能交通控制只是其中的一部分。提高智能交通系统的整体水平需要各行业协调发展，才能共同促进城市交通水平的提高。

◎利用互联网实现城乡教育公平

教育公平问题首先是城乡教育的公平问题，其次是城市的教育公平问题。城乡教育公平问题主要体现在城市孩子所接触到的教育资源比农村孩子丰富很多，教学质量也存在差别；城市里的教育公平体现在名牌的中小学和普通的中小学之间教育质量的差距上。利用互联网让城市的优质教育资源走向农村，通过现代化的移动互联，有助于达成教育公平，实现教育资源均衡发展。

2014年12月，教育部、财政部、国家发展改革委、工业和信息化部与中国人民银行五部门联合下发《构建利用信息化手段扩大优质教育资源覆盖面有效机制的实施方案》（以下简称《方案》），提出到2015年，全国基本实现各级各类学校互联网全覆盖，其中宽带接入比例达50%以上；到2020年，全面完成《教育规划纲要》和《教育信息化十年发展规划》提出的教育信息化目标任务。《方案》提出，通过构建利用信息化手段扩大教育资源覆盖面的有效机制，实现各级各类学校宽带网络的全覆盖，优质数字教育资源的共建共享，信息技术与教育教学的全面深度融合，逐步缩小区域、城乡、学校之间的差距，促进教育公平，提高教育质量。

智能教育是一个关键的技术整合解决方案，可以帮助孩子们开发才能和潜力，让他们获得更高水平的创造性思维。在这之中，智能家教的出现，为农村和城市的教育资源差距的拉近提供了可能。

智能家教是采用人工智能技术，根据家教活动规律而构造出的具有一定智能的自动家教系统，它能让计算机模拟人类家教的工作，模拟人类解题思维（符合习惯），自动解答学生的问题，并且给出符合人类辅导习惯的专业级辅导信息。

由于智能家教的特点是以模拟优秀教师的思维而对孩子进行辅导及教育，对于孩子的教育可以起到很好的辅导作用，相当于请了一位优秀教师对孩子进行跟踪式的教育，为孩子提供全面而高质量的教育。随着家电下乡，电脑等家用电器在农村的普及使农村家庭使用智能家教成为可能，或者可以由学校的电教室统一购买供全校使用，使大部分学生都能得到高质量的课后辅导。

可以说智能家教为现在由于社会条件导致的教育资源的不平等找到了一条拉近城乡差距的路，为实现教育资源的平均分配提供了可能，为实现教育资源的平均分配带来了新的希望。

◎互联网技术让智慧医疗就在身边

众所周知，医疗资源在全世界范围内仍属稀缺资源，加之我国医疗长期存在"重医疗，轻预防；重城市，轻农村；重大型医院，轻社区卫生"的情况，医疗问题成为社会大众关注的焦点。同时，我国面临的人口老龄化等社会问题，也让我国老年医疗服务面临挑战。而"互联网＋"的出现，让智慧医疗的时代悄然而至。

所谓智慧医疗，是以人的全生命周期健康管理与医疗服务为核心，以云计算、大数据、物联网、移动互联等信息服务为支撑，实现跨部门医疗信息共享、跨平台医疗业务协同，在准确、全面采集人群健康信息、公共卫生信息的基础上充分利用卫生资源，实现高效安全的卫生服务。在这方面，有的单位走在了时代前列，TD – LTE 医疗课题组就是一例。

2014 年，大唐移动与中国人民解放军总医院合作，成立了"基于 TD – LTE 移动通信网络的居家养老健康服务平台研发与应用示范"课题组。通过利用第四代移动通信技术 TD – LTE 打造"智慧医疗"，为实现实时视频诊断、海量数据远程传输、综合会诊等提供了必要的无线网络基础。

LTE 无线传输技术在医学信息化领域的创新应用，不仅解决了有线网络中远程医疗系统复杂的组网需求，同时也解决了现有 2G、3G 移动通信网络中传输带宽不足的问题。大唐移动通过不断探索 4G、TD – LTE 技术创新应用，充分发挥 4G 无线通信技术的先天优势，可以提供包括医学数据采集、传输、分析和诊疗等远程医疗服务。同时，基于 LTE 网络，还可建立起多点医疗服务平台，实现由医院、社区医疗机构和老年人群参与、多位一体的、互动的分级诊疗模式。

随着 LTE 移动通信技术的成熟和智能终端的广泛应用，远程医疗与 LTE 技术结合的产业前景广阔。未来，国内三大运营商承建的 LTE 网络将实现无缝覆盖全国主要城镇，加之 LTE 智能终端带来的便携性，可进一步提升远程医疗的实时性、普及性和便利性。大唐移动提出的远程医疗模式、平台和应用技术方案，在老年健康照护与慢性病健康指导方面将发挥特殊的优势与不可替代的作用。

◎ 互联网技术创新文化娱乐服务

互联网技术和娱乐产业的融合正在加速，最明显的标志是巨头 BAT 扎堆，全线杀入影视业。对于想在文化娱乐界开疆拓土的互联网公司来说，电影是传统娱乐领域的产业标杆，也是相关文化内容的风向标，在这一市场占据一席之地，不仅能从近 300 亿的票房成绩里分得利益，还能拓展未来"泛娱乐"市场版图。

阿里巴巴动作最大，于 2014 年斥资 62.44 亿港元收购文化中国 60% 股权，更名为阿里影业，招揽王家卫、周星驰、陈可辛等知名导演，参与投资电影《心花怒放》，成功拿下 6.58 亿元票房。百度投资了位于洛杉矶的电影制作公司，斥资 4000 万美元打造 3D 电影《悟空》。腾讯则于 2014 年 6 月，宣布参与出品《天将雄师》、《钟馗伏魔：雪妖魔灵》等六部电影。

视频网站对娱乐影视的渗透，始于 2005 年。土豆和优酷两大视频网站相继诞生，随后搜狐、腾讯、爱奇艺、乐视等新势力崛起，通过重金引进优质版权内容，共同将网络视频打造成影视剧收看的主力阵地。经过 10 年经营，视频网站在娱乐产业上的布局也开始升级，纷纷从自制剧，跨越到电影出品。从 2013 年起，优酷已联合出品《等风来》、《小团圆》、《窃听风云 3》、《白发魔女传》等热门电影。乐视影业签下了张艺谋，推出《归来》和《小时代 3》。

毫无悬念，传统影视产业链，将会在这波新势力的冲击下，经历一场重塑。互联网主导下的娱乐业，将释放出"破坏性创新"力量。

文化娱乐产业为何具备如此高的成长性？究其原因，和虚拟经济的本质密不可分。虚拟的互联网向商业中引入了新的变化，和以前的实体经济有着本质区别，它遵从无限博弈规则：在一个无边界的开放性系统里，参与者总是有无限机会。和封闭世界相对固定的运转频率不同，无限博弈的挑战，来自游戏规则的瞬息万变。必须不断自我刷新，改变既有策略，让游戏得以持续进行下去。

在未来数年内，互联网和娱乐业的融合，将孕育出一片激动人心的新天地，互联网大公司凭借技术积累，努力想把新世界连入经营多年的生态系统。然而技术的本质，是在对规则的重新定义中，创造一个更为平等的世界，它正在做，也必然会做到。

◎ 互联网技术助力体育场馆智能化

近年来，几乎各种现代技术的发展都涉及信息化、智能化技术，可以说它已经广泛应用到许多领域，尤其是在体育场馆控制中取得了飞速的发展。通过移动互联网与全民健身的"嫁接"创新方式，充分利用移动互联网技术，形成互联网体育，不仅打破了全民健身的时空限制，为群众健身提供了一种低成本、高效、便捷的工具，而且还打破了国有场馆与社会场馆的身份界限，为体育场馆平等参与公共体育服务提供了大舞台。其中的体育场馆智能化建设是一个亮点。

体育场馆智能化，就是运用互联网信息化技术，让体育场馆具有完善的一套系统满足需要，具体应用包括以下几个方面，如表5-3所示。

表5-3 体育场馆智能化系统及其应用

系统	应用
管理软件系统	体育场馆软件是未来高校体育场馆建设和应用的专业管理软件系统，它分为场地管理系统和球馆管理系统，集前台收银收费管理、一卡通功能、场地自动计费管理、场地预定、会员管理、教学管理、培训和陪练管理等强大功能于一身，并能够充分体现高校体育场馆行业的管理实情，是为我国高校体育场馆量身定做的专业管理软件，同时也是未来高校场馆管理信息化、理想化的管理系统

系统	应用
RFID 技术	RFID 是针对人或重要物品的情况，对体育场馆进行分区域监控和管理的一套软、硬件结合的应用系统，其信号可以覆盖需要监控的区域，并对需要定位跟踪的目标发放有源电子标签、腕带和胸卡等。有源标签与区域内的基站进行不断的信号沟通和交换，随着目标标签在各个基站之间的移动显示其位置的变化，为加快对场管紧急情况和其他需要援助的突发事件的响应，场馆工作人员还会配备手持的 RFID 设备，用来发送报警信息，指示紧急事件的类型和发生的位置
体育场馆监控系统	随着科技的发展和对体育比赛安保任务的重视逐渐加强，现代体育场馆开始逐步脱离传统的监控设备，引用了先进的楼宇自动化（BAS）。它融合电气设备监控、消防监控和安防监控于一体，利用总控系统完成照明、消防、安保、电气等功能，既科学又省时省力，大大提高了场馆内部设备的管理水平。首先是电气化监控系统中的变配电系统采用集散控制方法，利用一台计算机控制多台数据控制器，独立完成现场监控，同时采用 DDC 控制系统调节电流、电压、断路器的状态，保护用电设备不出现漏电、较大电流、不足电压以及短路和回路等故障。其次是照明监控系统。先进的智能化电控系统可以通过一台微型计算机对整个场馆的照明监控系统进行实时监控和管理，无论是整个场馆灯光、背景的变化，还是每个灯具的状态、故障，都能够得到及时的监控，使整个场馆照明工作的管理得到有效的保障。同时还能减少工作负担，提高工作效率，对照明系统进行全面的保护和控制。另外，火灾报警系统在整个场馆信息化建设中是比较重要的，它的任务是监控区域的消防报警和消防故障等情况，如果发生火情，火灾报警系统能够保证最快捷、最有效的反应
LED 显示系统	随着北京奥运会和广州亚运会中大量高校体育场馆的应用，许多高校体育场馆的建设得到突破性的发展，许多高科技、高智能的先进设备也出现在高校之中。同时也对未来高校体育场馆的发展提出了更高的要求。LED 显示系统随着高水平运动会的举办，逐渐进入高校体育场馆。LED 显示系统的核心是 LED 芯片和驱动芯片，它们是保证显示屏可靠性、稳定性和长远性的关键技术，是显示屏关键的保证和高技术含量的设计
无线局域网络	现代高校体育场馆的发展趋势是多功能、多用途、大容量。大型体育场馆可以进行篮球、足球、羽毛球、手球、乒乓球等多项运动，并兼备举办大型文艺演出和集体活动的功能。因此，就软件方面来讲，其发展趋势应该包括有线网络、监控、卫星接收、有线电视、安全消防、集成管理、扩音、成绩记录和处理等系统。这些系统的安装和利用投入资金较大，技术复杂。单从网络方面讲，如果将有线网络系统变为无线局域网，将节省大量开支，同时操作方便、快捷，能够大力提高场馆的综合功能，提高办公效率

　　体育场馆智能化操作简单、精准、针对性强，是体育场馆工程应用的方向，但依然存在一些问题和不足需要改进。在科学技术突飞猛进的新时期，要加强信息化、智能化在体育场馆中的运用，不断提高信息化、智能化的技能，促进体育场馆工程技术领域的发展。

第六章 新兴产业：互联网技术下的城市产业布局

对于城市来讲，空间资源是有限的，如何在有限的空间不断提升城市经济职能是城市发展必须面对的问题，而合理优化的产业布局一定是为城市经济职能演变留出空间的布局。在这方面，互联网技术为助推新型信息化产业建设提供了强有力的支持，极大地推动了经济区域化和经济全球化。此外，通过"互联网＋物联网"实现了免费的产品、服务和协作共享，推动了城市文明的发展进程。

◎产业互联网将呈现一片"蓝海"

产业互联网是利用信息通信技术对传统产业的优化，体现在互联网对各产业的生产、交易、融资、流通等各个环节的改造，将对我国产业结构优化、推动传统产业转型升级、转变传统经济增长方式起到重要的作用。产业互联网的到来意味着各行业如制造、医疗、农业、交通、运输、教育的互联网化。同时，由于传统的消费互联网巨头在行业经验、渠道、网络和产品认知等方面的壁垒，产业互联网将呈现一片"蓝海"。

第一，终端、云计算和宽带网络是产业互联网兴起的基础。

随着移动终端多样化的发展，智能终端如可穿戴设备的兴起，以及云计算和大数据处理能力的提升，互联网逐渐从改变消费者的个体行为习惯，到改变企业的运作管理方式与服务模式，互联网时代开始从"小 C 时代"逐步过渡到"大 B 时代"。

在这场变革中，关键技术加速了产业互联网时代的到来。渗透与普及率较高的智能终端，如智能手机与平板电脑等智能终端的迅速兴起，使人们每日虚拟化的时间进一步延长，而如谷歌眼镜、智能手环的发展，更是使智能设备贯穿每日的 24 小时，这就意味着来自个人的大量信息将全天候不间断地向信息中心传递数据。拥有大量数据后，高效运作的云计算能力将对这些数据进行有效处理，通过关联性分析得出相匹配的数据，从而发挥其大数据的重要作用；而不断升级的宽带网络将在大数据的信息传递中扮演重要角色，在企业方面，将助力产业互联网时代的生产资料"大数据"的快速传输，在消费者方面，将提升服务体验，增加服务形式。新的计算技术与应用将以更低成本的传感器、数据存储和更快的数据分析能力，推动产业互联网时代大举到来。

第二，"产业互联网"区别于"消费互联网"的特征。

产业互联网有别于消费互联网的特征主要体现在两个方面：一方面是用户主体不同，消费互联网主要针对个人用户提升消费过程的体验，而产业互联网主要以生产者为主要用户，通过在生产、交易、融资和流通等各个环节的网络渗透从而达到提升效率节约能源的作用；另一方面是发展动因不同，消费互联网得以迅速发展主要是由于人们的生活体验在阅读、出行、娱乐等诸多方面得到了有效改善，使其变得更加方便、快捷，而产业互联网将通过生产、资源配置和交易效率的提升得到推进。

产业互联网的商业模式有别于消费互联网的"眼球经济"，而是以"价值经济"为主，即通过传统企业与互联网的融合，寻求全新的管理与服务模式，为消费者提供更好的服务体验，创造出不仅限于流量的更高价值的产业形态。

第三，产业互联网紧密关联的三大领域。

一是生产制造体系，以用户为导向的个性化设计。产业互联网在与传统企业融合中的最大特点，即将原有以企业为导向的规模型设计转向以用户为导向的个性化设计。从产品功能研发到产品包装设计，每一个部分都通过互联网与用户建立关联，争取更广泛的互动，从而形成有效的生产制作方案，它强调用户的参与度，尊重用户的个性化需求。例如智能家居在产品功能设计方面，越来越多的产品通过支持联网功能达到"智慧化"应用程度，不仅改变了人们的使用习惯，更拓展了生活维度，享受到智能科技在生活细节中的应用。

二是销售物流体系，线上线下一体化是主要趋势。传统行业为了节约资源与时间成本在分销采购等方面已逐渐采用 B2B 的交易方式。据工信部统计，我国 B2B 业务已将近 8 万亿元，企业也更重视线上平台的交易与建立，并逐步完善支付手段、电子商务安全认证等体系，也促使大量的批发业务由线下转移到线上。未来，企业应充分利用线下资源的优势，拓展线上平台，并将线下的物流、退货等业务流程进行线上管理，最终实现线上、线下一体化。由此看来，物流交付平台和信息集成交易平台的建立是企业与互联网融合的一个重要方向。

三是融资体系，建立中小企业新增服务平台。由于我国金融行业长期受体制因素的限制，导致结构失衡，明显体现在20%的大企业客户占用了80%的金融资源，银行借贷动力不足，使得众多中小微型企业得不到有效的金融服务，制约其发展。互联网金融由于其成本低效率高，同时解决信息不对称等问题，或将在中小微企业融资领域发挥重要作用。

第四，产业融合的三大路径。

一是建立产业园区促进双方融合。产业园区的搭建，有利于吸引龙头企业、产业链和产业集群，通过电子商务等手段进一步实现产业集群向"在线产业带"的转型，互联网金融千人会华南分会秘书长曾光认为，重点发展产业互联网需要着重推动传统产业与互联网金融结合，从打造在线要素交易融资平台入手，盘活存量资产，用电商和互联网平台推进企业信用信息服务平台建设，在产业园区内最终建立起专业市场投融资体系。

二是积极推进生产性服务业发展。生产性服务业的发展水平，是衡量一国经济现代化程度的重要标志。当前，新兴信息网络技术已经渗透和扩散到生产性服务业的各个环节，催生出各种基于互联网的新兴服务业态，并成为互联网经济背景下成长性最高的产业群，在生产性服务业领域引发一系列深刻变革，从技术应用、服务内容、商业模式各方面都给现有的服务业带来巨大的提升。因此生产性服务业的发展壮大将是下一个重点融合方向。

三是传统企业与互联网公司联合互助。在产业互联网初生萌芽阶段，传统互联网要有自身意识的改良，同时互联网企业包括运营商等应去积极主动地引导与帮助传统行业转型。一方面，传统行业要借助互联网的力量，从互联网的思维出发，仔细研究互联网环境下产业的走向问题，积极应对互联网迅速发展所带来的危机；另一方面，互联网企业需要担负起自身责任，从理念、战略定位和经营方式上向传统行业提供相关咨询型服务，从而使两者在产业互联网时代共同迅速发展。

随着我国政府城镇化的快速推进以及各行业信息化进程的加快，以智能化为特征的新一代信息技术在各行业领域的实践和应用效果已经凸显，互联网开始从"消费互联网"逐步过渡到"产业互联网"，"产业互联网"正在孕育着一场比"消费互联网"更大的变革，其必将推动城市产业的升级。

◎互联网经济影响城市产业布局

互联网经济时代，作为知识经济的策源地和网络信息中心的城市，知识经济和网络信息时代所确立的可持续发展的观念、高新技术、信息网络化，也必将给其发展和空间结构带来深刻的影响。城市不仅将参与全球经济重建下的外部结构重组，也将面临城市内部空间结构的变更。这些变化趋势已经开始反映在城市产业布局方面。

首先，城市功能服务化，特别是信息密集型服务业在城市的中心地段集聚，形成了以大型中央商务区为核心、周围分散着各种批发市场和微型商务街区的服务网络体系。城市中心的工业用地比例大幅减少，商业等服务业用地比例占明显优势。

其次，城市中出现了新的产业空间，包括开发区、工业园、高新技术开发区、大学城、科技城等。这些新型的产业空间强调空间上的凝聚和功能上的互补，在区位选择上，远离城市中心，位于城市郊区或城市边缘区。这一类企业在现代物流企业的组织下，其间的联系成本低，呈现分散的趋势。

最后，在大城市郊区出城高速公路旁边出现特大型商业新城，主要以城市居民休闲购物为主，以及一些大型专业批发市场。原来处于城市中心的、服务于城市居民的零售商业服务业，由于受信息密集型服务业抬高了城市中心土地价格的影响，纷纷转变形式和规模，在城市出城高速公路的出口处建立特大型的购物城，通过低成本吸引城市居民的消费。

在互联网经济的影响下，城市产业空间布局出现集中和分散的趋势。未来的新产业空间布局更强调工业的进一步集中，高级制造业和研发部门向大城市次中心集中，而低层次的装配制造业向大城市周围的小城镇和不发达地区的城市分散，重新在那些地区产生新的集聚，大城市的制造业转移出去，周围的小城镇应该主动积极承接产业转移带来的发展机会。

与此同时，互联网经济的一个最大特点是将各城市纳入到一个巨大的城市网络体系中，极大地推动了经济区域化和经济全球化。各城市应根据自身在城市网络体系中的定位和功能，适当调整其产业结构和产业布局，加强自身服务网络体系的建设，如大城市、中心城市应该立足于区域甚至全球的角度构建服务网络体系。

◎ "互联网＋" 下的传统产业

中央制订的"互联网＋"行动计划中，"＋"是什么？是传统行业的各行各业，每一个传统行业都有"互联网＋"的机会。"互联网＋"是一个趋势，加的是传统的各行各业，比如加媒体产生网络媒体、加娱乐产生网络游戏、加零售产生电子商务等。过去十几年，互联网的发展很清楚地显示了这一点："互联网＋"模式全面应用到第三产业，形成了诸如互联网金融、互联网交通、互联网医疗、互联网教育等新业态，而且正在向第一和第二产业渗透。

在寻找"互联网＋"的过程中，如何找到你所在行业的"互联网＋"，成为企业需要思考的问题。在这里，我们试以传统零售业模式转型为例来说明这个问题。

传统零售业务通常建立在某种市场特权的垄断基础上，或利用买卖双方的信息不对称。传统方式下消费者被隔离在价值链的另一端，实体店铺等渠道是供需双方交换信息、实现交易的重要场所，传统营销手段紧紧围绕渠道铺开。移动互联网的出现开始急速地填平这种不对称的信息鸿沟，供需双方多点接触，彼此信息基本对等，实体店铺等渠道的主场景效应大为弱化，商业主导权越来越多地赋予消费者，使得那些在传统商业模式下似乎面目模糊、千人一面的消费者，突然变得个性鲜活，影响巨大。网络零售商突破时间和空间的局限，充分利用"长尾效应"，基于移动搜索、移动社交、移动购物、移动团购、移动支付等各类应用，吸引越来越多的人加入移动互联网，并利用消费者对消费的点评、质疑、传播进行价值的深度挖掘。

移动互联网迅猛发展的背景下，消费者购物行为已呈现短暂性、碎片化和高频化的新趋势，消费者能够在多个屏幕（手机、电脑、平板、电视等）和实体门店间游走转移，电子商务入口不再仅限于 PC 端，而是呈现多元化趋势。便捷、高效、个性、本地化已成为现代零售业的发展趋势。传统零售商不得不面对更为复杂多变的内外部经营环境，从动机到界面、从流程交互到资源配置，重心重新回到消费者、回归到真正的价值创造，并围绕价值主张、盈利模式、经营系统这三个最重要的构成要素重构商业模式。

一是以 O2O 整合形成具有协同效应的价值网络和盈利模式。移动互联网时代，要以大数据和云计算为链接，以 SNS 社会化营销为传播核心，以 LBS 定位与跟踪技术为基础，以无所不在的移动互联网为场景，以 IP 技术系统为依托，以 O2O 线上、线下融合为商业模式，精准化、个性化的客户体验为商业价值。为此，传统零售企业要及时准确了解顾客需求，分析线下零售业务与线上电子商务、移动商务之间的潜在关系，结合自身原有的资金、人员、技术、市场、管理等资源和优势，梳理商业链条、打通商业通道、整合商业价值、平衡商业利益，实现线上、线下有机融合，抓住线上、线下交融后带来的业务机会和盈利空间，并为消费者带来全新体验，实现商业闭环协同增效。如传统零售企业通过兼并、合作等方式，与专业服务提供商构建战略联盟，整合营销形成共同为目标顾客群体提供价值的差异化网络，并深挖新构建的产业价值链某一优势环节的盈利空间。

二是建立以用户为中心的高绩效经营系统。移动终端的数量、功能不断增加，逐渐向搜索、购物、支付、社交、娱乐等综合化平台发展，消费者能够随时随地获得各种所需的个性化服务，用户黏性不断加大。传统零售企业运营正经历前所未有的数字化、网络化再造，不仅要实现客户界面的线上展示推送，更要以面向消费者的线上展示推送牵引重构内部运作的所有流程和环节，建立起线上、线下融合的智能化和自动化运营系统。重点打通"流通"（营销、品牌、市场、价格体系等）、"钱通"（支付环节、无线支付场景、支付流程设计、硬件软件设置等）、"人通"（会员、会员体系、会员权益打通、会员数据等）、"货通"（生产商、商户、商品电子化、库存物流、二维码布点等）四个环节；同时，组织必须扁平化，可以弹性伸缩，可以更加灵巧，可以随时跨领域、跨部门、跨企业重新组合，从静态固化的结构演化到动态适应的创新组织，以显著改善顾客的购物体验和服务质量，与顾客保持更为密切的联系和互动。

科技是"酸性"的，可以"溶解"掉产业链中多余的环节，缩短环节、减少时间、降低成本，只留下能够承载产业的核心和精髓。传统产业中的企业转型升级之路并不平坦，毋庸置疑需要开启再成长之旅，会出现越来越多的新业务模式，而且始终有新的参与者为传统产业转型升级带来创新和活力，并正向激发移动互联网时代的新经济发展潜能。

◎ 数字信息技术布局城市旅游产业

数字信息技术主要是指利用地理信息系统（GIS）、通信网络和多媒体等技术构建数字化的城市旅游信息系统，进行旅游信息的采集、整理、加工、处理、传输、查询和展示，以此辅助旅游管理和旅游规划中的决策，全面指导城市旅游业的发展，并为旅游者提供及时、准确的旅游信息服务。数字信息技术在旅游业中的应用，将推动城市旅游产业的进一步发展。

第一，旅游资源构成转型。

在信息技术的介入下，可以将现实的旅游景点、产品和线路进行模拟空间艺术的升华和再现，重新进行整合和包装，渗入旅游资源的结构体系中，从而使旅游资源出现"软化"的趋势，并且影响到旅游资源吸引力强度的改变。旅游资源的"软化"具体表现在虚拟旅游资源的出现和旅游资源价值补偿方式的变化。随着信息化的发展和社会文明程度的不断提高，这种数字化形式的虚拟旅游资源受到越来越多旅游爱好者的欢迎和重视；在性质上，这种虚拟资源有别于绝对物质性的自然旅游资源，也有别于依赖物质的人文旅游资源。可以说，虚拟数字化旅游资源的出现反映了传统旅游资源结构的变化和转型。

虚拟旅游资源是利用信息和多媒体技术对现实旅游资源进行价值补偿的另外一种有效途径，如虚拟博物馆、数字图书馆等。它有利于旅游资源的可持续发展，尤其是那些在旅游开发过程中容易遭到破坏的艺术品和文物。旅游信息化是在信息技术和客观旅游资源基础之上对旅游发展平台的综合提升，它可以指导城市旅游资源开发的方向和空间布局，为旅游的发展提供科学依据和远景蓝图。

第二，旅游产品结构优化。

通过资源数字化、产品数字化等形式，虚拟技术、网络技术等现代信息技术在旅游产品的改造和创新方面得到了广泛的应用，减轻了现实旅游资源的负荷和压力，并使许多游客实现了在目前平常条件下还不可能实现的旅游，如太空旅游、海底旅游等，提供了条件和可能性。

从另一个角度来看，不可移动性是传统旅游产品一个较为明显的特征。但在信息社会，虚拟旅游产品的出现将改变传统旅游产品不可移动的特性，作为虚拟旅游所依赖的虚拟旅游资源都可以移动和传递，建立在现代信息技术基础之上的旅游产品已经可以随着游客的需求而任意改变。互动的信息交流平台为每一位普通游客的个性化服务提供了条件，任何形式和主题的旅游产品都可以通过虚拟设施进行构建和演绎，不受空间、季节、气候、灾害和战争等自然和社会因素的影响，网络旅游完全突破了时间和空间的限制。旅游数字信息技术的应用促进了旅游产品类型、功能和组合的优化和调整，旅游产业的布局也会随着产品组合的变化而变化。

第三，旅游景区布局调整。

旅游景区和城市旅游整体空间布局是一项涉及多学科、多领域的综合性工作，需要收集、整理、处理分析大量的旅游空间信息及相关的经济、社会、环境等多方面的信息。目前数字信息技术已成为全球信息技术的主流，它具有空间定位精确、关联分析准确、直观性与科学性强的特点。

运用数字信息技术进行旅游空间分析，主要是应用地理信息系统 GIS、遥感、宽带网络、多媒体及虚拟仿真等技术自动采集、动态监测管理，对收集的景区相关数据和信息进行处理和分析，既包括对空间格局数量上的描述，也包括定性的特征和趋势分析，如旅游景区的聚散度分析、关联度分析、总体格局特征分析、空间结构分析、游览线路设计等，对景区内部和整个城市旅游空间的科学合理布局都起着重要的指导作用；通过建立空间动态模型，可以形象、直观地反映旅游发展的现状和实时旅游信息，通过旅游收入、旅游人数、旅游者消费行为特征和城市产业布局的发展规划等各种信息和综合数据的研究，预测旅游空间格局及旅游产品格局的未来变化，把城市旅游信息数字化、网络化、可视化，起到为优化城市规划、建设、管理等环节提供决策支持的作用。

第四，旅游营销方式转变。

运用数字信息技术进行数据采集、集成，综合统计分析旅游业的景区（点）布局、交通网络、产品开发、市场状况、旅游需求、竞争态势、宏观经济背景等资料，建立旅游信息管理和查询系统，有效地整合社会公共的旅游信息资源，实施针对目标客源市场和细分市场的旅游营销对策和战略。

随着互联网的普及和安全性能的提高，网上交易日益频繁，旅游电子商务成为有效降低销售成本的途径。由于旅游目的地一般都远离客源市场，只有及时地获取旅游者的需求信息和向潜在消费者推销产品，才能把握住瞬息变化的市场行情，才会有更多盈利的机会。目前我国的旅游电子商务如酒店预订系统、旅行社线路查询预订系统、旅游景区预订系统和旅游目的地营销系统等已经有了一定程度的发展，并且形成了多种模式，如 B2B、B2C、B2G、G2G 等。

总之，数字信息技术在旅游业中的应用，将引起城市旅游产业中诸多构成要素的调整和优化，进而促进城市旅游产业布局更趋于合理和科学，同时为建立城市旅游信息系统提供指导，更好地满足城市旅游发展的需要，提高城市旅游产出的能力，树立旅游产业的支柱产业地位或主导产业地位。

◎ 互联网技术支持各城市产业园运作

互联网技术和城市产业园运作是吻合的，产业园区借助互联网技术可以加速开发过程，更大限度地满足客户需求，建立产业园区的良性互动和循环发展，从而实现产业生态化、系统化、集成化；反过来，互联网技术也可以催生更多、更先进的围绕产业地产的服务机构和产业支撑体系，从而加快建立高附加值的现代服务业结构。

在利用互联网技术进行产业园运作时，需要做好以下准备：

首先，在拥抱互联网技术的过程中，产业地产商面临的真正敌人并非来自外部，而是自己。从心态上不要恐惧，更不要迟缓，主动积极地接纳和融入进去。一种技术从工具属性、从应用层面到社会生活，往往需要经历一个较长的过程，互联网也一样。这就提醒我们对市场要保持敏锐的洞察力和快速的市场反应能力，围绕客户需求扎实做好基本功，顺势而为。

其次，互联网思维很重要。互联网时代下的产业园区，业内人士无不强调"社群思维"，即如何打造产业园区的粉丝效应，打破园区与客户之间原有单一的买卖关系。从线上、线下多渠道与客户形成"朋友关系"，将会是未来的突破点。用户口碑是互联网思维核心中的核心。

再次，从技术层面来讲，要积极地学习和完善互联网的技术操作模式和手段，加大对网络营销的投入力度。如产业园区的营销推广可以借助强势媒体做好整合宣传，像百度和QQ的各种营销产品都可以大胆尝试，时下比较流行的微博、微信宣传效果也都不错。同样提醒我们的是，要学会"跨界"玩法，知识结构和学习能力至关重要，综合性人才将是未来产业地产的主要需求对象。

最后，从组织层面来讲，面对每次的新技术革命，组织的变革尤其重要，有互联网思维的企业组织一定是扁平化的，互联网思维强调开放、协作、分享，组织内部也同样如此，它讲究"小而美"，"大而全"、等级分明的企业很难贯彻互联网思维，不管是对用户还是对员工，有没有爱，也是一个重要的评判标准。荣辱与共、利益共同体将是未来组织塑造的方向。

总之，互联网技术的强大动力，改变甚至重构传统产业、商业模式。借助互联网技术提供的历史契机，城市产业园应该积极调整产业结构，并逐渐建立起互联网时代中的运营方式、商业模式。

◎ 解读成都高新移动互联网产业布局

　　随着 iPhone 在全球的风靡和智能手机的逐渐普及，依附在这类移动终端的上、下游产业链不断延伸，布局移动终端应用的公司也逐步脱颖而出。2012 年，一个值得注意的现象是，这些公司都有一个共同点——总部都在成都，都是成都移动互联网发展过程中值得关注的案例。

　　事实上，发展移动互联网产业是成都高新区推动 IT 产业集聚发展、促进区域自主创新、提升产业国际化水平、形成新的战略性支柱产业的重大举措。

　　2012 年 6 月，成都高新区管委会正式对外公布大力发展移动互联网产业的战略目标，并于 9 月出台十条相应的产业扶持政策，涉及资金、人才和办公场地等各个方面。一时间全国的移动互联网行业人士沸腾了，纷纷表示希望到成都来创业。腾讯自建楼宇，华为在成都也正在形成万人级的规模，京东商城的研究院落户成都。这些大公司的研发基地给了成都的技术人才一个提高的机会，因为只有与高手在一起工作才能够快速成长。在这种形势下，成都高新区以开放的心态，采取了一系列相应的产业规划、布局及政策。

　　第一，软、硬件环境奠定移动互联网产业发展基础。

　　成都高新区是首批国家级的高新技术产业开发区，在成都分为南区和西区两个部门，西部园区主要以现代制造业为主，已经汇集了英特尔、戴尔、德州仪器、富士康、联想、伟创力等全球知名的电子信息产业，而南部园区主要是以现代服务业为主，主要有软件开发、软件外包、互联网和移动互联网等轻资产产业。下面主要讨论南部园区。

　　南部园区位于成都市南天府大道两侧。随着市政府南迁、天府新城广场的建成以及城市 CBD、会展中心等众多城市功能南移，南部园区已经成为成都市新的城市中心。南部园区目前最核心的产业聚集地为天府软件园，地铁一号线终点站可以直达天府软件园，离市中心天府广场地铁站大概需要 20 多分钟。目前天府软件园已经有 A、B、C、D、E、G 六个区，有近 400 家企业、4 万多人在天府软件园内工作。除了天府软件园，南部园区内还有高新国际广场、高新孵化园、天府新谷等办公园区。除此之外，近年来，成都高新区在天府大道沿线陆续建起了多座商业楼宇，目前已经投入使用的比如新希望国际、航兴国际广场等，办公楼租金普遍每平方米一个月在 50 元左右，附近的居住区包括大源、中和、华阳等都是成熟的生活区域，拥有较完善的基础配套设施。

成都充足的高校资源也为移动互联网产业奠定了人才基础，包括电子科技大学、四川大学、西南交通大学、西南财经大学、成都信息工程学院等，其中网易的创始人丁磊就毕业于电子科技大学。随着"北上广"的生活成本越来越高，创业"挤出效应"日益明显，成都高校的毕业生更愿意留在成都工作生活，与此同时，不少人才正在从东部地区"西南飞"到成都创业和就业。

第二，成都高新区扶持政策出台。

当时，"北上广"的移动互联网创业者们更加关心成都高新区出台的十项扶持政策。针对移动互联网产业发展，成都高新区专门成立了"移动互联网产业推进工作领导小组"，由成都高新区管委会主要领导任组长，成都高新区管委会各个部门局长均纳入小组成员中。因此，这次成都高新区可谓是倾全员的力量，誓要把移动互联网产业发展为成都高新区重要的战略性支柱产业。

产业扶持政策主要由成都高新区软件及服务外包产业推进办公室落实执行，投资服务局、科技局、创新中心等相关部门配合相应工作，从各个方面大力扶持移动互联网产业，如表6-1所示。

表6-1 成都高新区移动互联网产业扶持政策

措施	内容
场地扶持	对于中小型的移动互联网创业企业来说，成都高新区内主要有天府软件园旗下的创业场和创新中心旗下的移动互联网大厦。创业场内已经入驻100多家10人左右规模的小型创业企业，提供30~60平方米的免费办公室使用一年，天府软件园还专门为创业场开设了创业主体咖啡店"灵感咖啡"，作为对行业交流和个人创业的支持，场地主要位于高新孵化园内11号楼和天府软件园D5-1楼。移动互联网大厦位于益州大道的天府软件园G区，可以提供100平方米以上的办公场地，会收取少量的房租，里面还有免费工位式的大学生创业基地。入驻这两个孵化器的企业都有机会申请成都高新区其他的资金扶持。对于场地需求超过300平方米的创业企业，则可以直接联系天府软件园的业务发展部门，可以入驻到天府软件园其他办公楼内。对于这类中型以上的企业，天府软件园也会帮助向成都高新区申请场租补贴、税务减免和项目资金等政策上公布的各项扶持
资金扶持	成都高新区的扶持政策提出，可以针对一些有前景的移动互联网项目一次性给予100万~300万元的资金补助。这方面的资金申请则主要是通过成都高新区软推办和投资服务局来申请。而最后的项目确认是需要成都高新区召开项目讨论会，管委会主任和各个局领导讨论一致通过之后才会给予相应的资金扶持。企业如果有关于税收减免、人才等方面的需求也可以向软推办提出，只要是在合理的范围之内，成都高新区都会尽量满足企业的需求，目的只有一个，就是希望入驻成都高新区的移动互联网企业能够越做越大。除了一次性的资金扶持之外，成都高新区还设立8000万元的天使基金用于初创项目的天使投资。这个基金是由成都高投创业公司负责管理，具体的申请方法可以通过盈创动力的网站查看。这笔基金与行业内的创投基金一样市场化操作，由企业向基金提出融资申请，投资经理进行跟进，好的项目会通过投资决策委员会的方式确定是否投资，也会占有一定的股份比例，最后的退出机制也与商业基金一样
产业环境	在当时，大家发现国内各大媒体都在报道成都高新区移动互联网产业扶持的事情。成都高新区软推办和天府软件园的领导也都主动到北京、上海参加各种行业大会。天府软件园还在北京、上海分别举办了IT四川老乡会，向在北京、上海工作的四川同乡介绍现在成都高新区的发展情况，欢迎他们回成都创业。本土IT茶馆主办的四川互联网大会也已经于成都高新区合作了3年，成为本土最大的行业盛会。就在近期，成都CAFF动漫游戏展、2012年移动游戏大会等重要的移动互联行业盛会也在成都召开

成都高新区的一系列措施，让"北上广"的移动互联网创业者们看到了其发展移动互联网产业的决心。同时，作为创业者也不能只靠政府的扶持，产品能否被市场接受是由用户所决定的。政府的各种政策都是起引导的作用，帮助创业者营造一个良好的环境，作为移动互联网创业者坚实的后盾。

◎ "互联网＋物联网"：尝试分享价值

当代最著名的思想家之一，华盛顿特区经济趋势基金会主席杰里米·里夫金的最新作品《零边际成本社会》一书系统地做出了关于未来世界的三大预测。他认为，随着生产生活的数字化和自动化，未来将出现由通信、能源和运输三大网络相互融合形成的"超级物联网"，人们能直接在物联网上生产、分享能源和实物，并运用大数据和算法来提高效率和生产力，使生产和销售的边际成本降低到接近于零。

中国正进入一个部分"超越市场"的新世界。在书中，杰里米·里夫金将中国描述为"最早打造物联网基础设施和相应的协同共享机制的超级大国"，并列举中国政府对物联网、智能电网的大规模建设计划为证，还细数了中国企业在3D打印、电子商务、电动汽车租赁、房屋分享等领域的蓬勃发展。里夫金说："中国已经建立起信息互联网，能源互联网也有了雏形，交通互联网也在不断发展，很快中国就会出现以数字化为基础的三网融合，而且通过建设新的亚欧丝绸之路，亚洲和欧洲的网络会结合在一起。"他建议，中国应继续加大对"三网"基础设施建设的投资，因为这能创造许多就业机会，而且只要前期投入了固定成本，新经济模式的边际成本会降低到接近于零，能源效率、生产效率都能大幅提高，从而减少资源消耗，保护生态环境，缓和气候变化的威胁。

杰里米·里夫金认为，免费的产品、服务和协作共享将带来创造力的激增，并且孵化一种新的激励机制，这种机制很少基于经济回报，而是更多基于推动人类文明进程的社会福祉。他说，在协同共享经济中孕育的新一代社会企业家精神与以往完全不同，新的精神将"少一些对追求金钱的关注，多一些提升生活质量的承诺；少一些市场资本的积累，多一些社会资本的积累；少一些对自然的破坏，多一些可持续发展的投入和对地球生态的管理"。

姑且不论这种几乎与经典社会主义不谋而合的经济模式对未来社会的构想如何，互联网以至"互联网＋"时代带来的种种效率提升和成本下降的趋势，确实正在真实地发生着。"互联网＋"的重要延伸便是物联网，它正在被广泛应用于绿色农业、工业监控、公共安全、城市管理、远程医疗、智能家居、智能交通、环境检测等领域，并以其强大的生命力、渗透力和扩散性深刻地影响着人类社会生活方式、产业形态、商业模式、价值观念乃至生态环境的变革。

2011年，工业和信息化部制订了《物联网"十二五"发展规划》，提出要重点培养10个物联网产业聚集区和100个骨干企业，实现产业链上、下游企业汇集和产业资源整合。随着中央和地方政府一系列产业支持政策的出台，国内物联网产业已初步形成环渤海、长三角、珠三角及中、西部地区四大区域集聚发展的总体产业布局。企业和产消者将实现与物联网相连接，并使用大数据和分析方法来开发预测算法，这种算法可以提高工作效率、提高生产力、减少能源和其他资源的使用。在现实世界中，它可以将许多实物的生产和销售边际成本降低到接近于零，使零售价格接近免费，从而不再受到市场力量的约束。

2013年12月，中国政府还在另一方面迈出了巨大的一步——宣布正在投入820亿元的前期资金，建立第三次工业革命的分布式"能源互联网"，该互联网将成为物联网技术平台和基础设施的核心。根据该计划，在全国范围内的街道和社区中，数以百万计的个人及成千上万个企业都将能够参与进来，以接近于零的边际成本生产自己的太阳能和风能绿色电力，并将其分享到全国能源互联网上。

此外，中国还在发展3D打印。北京航空航天大学正在使用3D打印技术制造复杂的火箭和卫星零件。2014年，另一家中国公司Winsun仅在24小时内就利用廉价的可再生材料建造了10座小房子。建造这些房子需要的人力劳动非常少，每座房子的成本不到5000美元。这样一来，就有可能在中国等发展中国家以接近于零的边际成本建造数百万座造价低廉的房屋。2014年，中国最大的小型商用和家用台式3D打印机生产商太尔时代科技公司发布了其最新款的便携式桌面3D打印设备"UP"。该公司与美国领先的3D打印机生产商齐头并进，同时也展开竞争，有望在未来几年占据全球市场相当大的份额。

从生产力发展上来看，中国的第三次工业革命让数十亿人和数百万组织连接到物联网，从而使人类能以一种从前无法想象的方式，在全球协同共享中分享其经济生活。这个连通性的转折点甚至有可能超过20世纪电气化所带来的经济活动，以及随之产生的电话、广播和电视的传播。

中国对《零边际成本社会》一书中所说的分享价值的尝试，可以称为"互联网＋物联网"。当然，与此密切相关的是节约型和共享型的城市资源再平衡体系的建立。智慧城市就是基于信息技术的发展，将原始数据进行采集、评估分析及优化，并应用到各个领域，比如将城市中的水、电、油、气、交通等公共服务资源信息连接，做到资源集约利用，避免高峰时期的浪费以及重复性建设。随着"智慧城市"的建设进入实质性推进阶段，互联网、物联网带来的信息消费已经成为我国扩大内需的"最大蛋糕"。

第七章　城市金融：互联网创新城市投融资方式

在互联网时代，利用互联网思维建设智慧城市，就是采用互联网的规律和手段来思考投融资问题，保障城市建设的资金。在创新金融投融资模式中，新的运营模式、众筹模式、REITs的"地产＋金融"模式等，可以充分发挥资本市场作用，逐步建立多元化投融资体系，满足城市建设需要，最大限度地提高城市的运转效率，为居民提供便捷的服务。

◎互联网技术打造城市金融业态

随着互联网技术和移动终端设备的广泛使用，云计算、大数据等互联网技术方式正在逐步打造城市金融业态，改变和演进城市传统金融行业，促进城市资管行业市场体量的扩大。比如余额宝的应用，使得交易热点区域从一线城市扩展到三、四线城市，同时实现目标客户下沉。

与此同时，大数据技术也正在改变当前的投资研究框架。借助大数据技术可以实现传统投资向科学投资和智能投资转变，其智能研报有利于创新投资管理模式，人机合作和智能投资正在成为趋势。大数据技术利用机器自动收集市场信息，并通过自然语言处理技术阅读文本资料，自动更新投资研究报告。既可以挖掘市场投资价值，又能分析技术构建个股的知识图谱，建立实体之间的关系，实时生成研报，这样便于用户跟踪市场热点，迅速捕捉市场价值，提升研究效率。

由于互联网技术的渗透，原有城市商业模式的要素正在发生根本性的变化，而传统金融所具有的牌照、资金、规模优势等可能被互联网技术逐一瓦解，只能通过对互联网思维的学习和吸收，用互联网技术来重构行业的边界和游戏规则，从而创造更多价值。

城市传统金融行业需要尽快加入互联网技术的变革进程中，积极利用社会资源和公共资源进行转型，同时从用户角度出发创新产品设计和功能，对技术进行迭代优化，积累流量和用户，并将自身服务项目整合起来，逐步形成平台和生态。金融行业转型是系统工程，用互联网思维和技术新建、重构公司的业务体系至关重要。未来互联网金融的发展方向是向移动端迁移，集成化、工具化、场景化、社会化的产品创新将成为主流，同时企业需要突破"瓶颈"，实现组织外部化，构建完整的互联网金融生态圈，真正做到互联网的自动化、智能化理财及"一站式"资产配置。

城市传统金融行业需要利用原有的专业能力加紧和互联网的融合，在行业中率先实施"互联网＋"。比如资管行业可以通过互联网技术重新组织内部架构、业务流程和市场体系，深入融合移动互联网技术和云计算技术，将投资策略研究开放到云端或进行在线外包，为每一个家庭机构提供全过程、全周期的服务等。

城市传统金融行业可以从三个方面进行转型：一是接入支付、账户、征信、结算、评级、清算、数据平台、运营等更多的基础服务，连通产品过程中的各条毛细血管；二是连通国企能源矿产、小贷、担保、"铁公基"、科技企业专利资产、租赁资产、保理资产、质押融资资产等多类资产，打通资产管理端的毛细血管；三是打通 P2P、第三方理财、中小银行等产品的渠道，将财富管理中的理财顾问链条连接起来，从而建设新金融生态。

◎ 智慧城市投资运营模式创新

智慧城市是城市信息化的高级阶段，是当前城市现代化发展的大趋势。住房和城乡建设部已经确定了国家智慧城市两批试点，试点城市已经达到193 个，2015 年第一季度将确定 149 个城市为第三批试点。智慧城市项目需要大量投资，而融资仍是智慧城市推进过程中面临的最大挑战之一。目前，我国智慧城市项目资金主要来自政府，部分通过公共部门直接融资，项目的长期运营缺乏可持续性。

目前我国智慧城市建设资金的投入模式有：政府投资运营，企业参与建设；政府与企业合资建设与管理；政府统筹规划，企业投资建设；企业建设运营，政府、公众买服务。

表 7-1 智慧城市建设的资金投入模式

模式	内容
政府投资运营，企业参与建设	对于涉及国家安全与公共利益的领域，要采取政府主导型的运营模式，即政府出资建设、运营管理等，以确保其安全、可持续地发展，如智慧政府、智慧安全系统、数据库、基础网络建设等方面
政府与企业合资建设与管理	对于智慧城市建设中不涉及国家安全、公共利益的领域，可以采取政府与企业合资建设与管理模式，充分利用社会资本参与建设，采取市场化的运营模式，如智慧医疗、智慧教育文化、一卡通等方面

模式	内容
政府统筹规划，企业投资建设	对于智慧城市建设中不涉及国家安全、公共利益的领域，可以采取政府统筹规划、企业投资建设的运营模式，政府起统筹规划作用，完全利用社会资本建设运营，如通信网络、智慧社区服务等方面
企业建设运营，政府、公众买服务	对于智慧城市建设中的云计算服务、公共服务、医疗卫生领域，可采取企业建设运营，政府、公众购买服务的运营模式，企业独自投资建设、维护运营，政府、公众可购买相关服务，可以有效节约政府资源，如云计算租赁服务、智慧民生服务等方面

国家重视智慧城市建设，是因为智慧城市能够提高城市管理效率，提升城市竞争力，实现经济可持续发展，造福百姓。智慧城市建设是一件好事，创新智慧城市投资运营模式是建设智慧城市的重中之重，要有全局考虑并有利于长远发展。

第一，拓宽投融资渠道。

在智慧城市建设过程中，只依靠政府财政资金很难满足需求，谋求更多的投融资渠道、确立相对稳定的资金来源有利于保障智慧城市建设的顺利实施。在智慧城市建设的过程中，需要根据不同项目的具体特点广开投融资渠道，创新投融资模式，充分发挥资本市场作用，逐步建立以政府投入为导向、企业投入为主体、社会投入为重要渠道的多元化投融资体系，以政府扶持带动更多的社会资金投入建设。

对于政务型、涉密要求高、投资规模不大、运营维护成本较低的建设运营项目，政府可以独立投资，其盈利模式为非营利，主要用于政务与公共服务。对于共享要求、专业性要求、涉密要求和公共性较高的建设运营项目，建议采用政府投资、企业建设和运营的模式，其以非营利模式为主，政府向建设运营企业购买服务，企业也可结合小部分广告、用户收费或增值应用获益。对于投资规模大、公益性质强、专业运营和维护要求高的项目，建议政府企业共同投资、企业负责建设和运营。其盈利模式以免费服务和增值服务相结合为主，政府向建设运营企业提供一定补贴，并出台相关扶持激励政策，企业可结合增值服务获得市场化收入。对于资金投入量多、政府控制性强、公共服务性大、开发准备期长、专业管理难度大、投资运营期长、收益比较稳定的项目，建议采用政府牵头 BOT 模式，其运作机制是通过市场化运作完成项目建设，并获取经营收益偿还项目贷款本息，支付运营成本，收回投资者资本金，并获取合理的商业利润。对于涉密要求不高、投资规模灵活、运营维护要求中等、直接面向公众、应用内容丰富的建设运营项目，建议由企业负责投资建设运营，其盈利方式为纯粹通过市场化运作获取经营利润，主要用于符合市场需求的公共服务。

第二，利用互联网思维创新运营模式。

在盈利方式上，引入互联网思维的盈利思路，创新商业运营模式，对于可以市场化的项目加强具体商业运作模式的可行性研究，增强项目自身造血功能，使项目建成后能快速持续收回成本，比如基础服务免费、增值服务收费，或者短期免费、长期收费，或者对百姓免费、转嫁收费等。运用大数据思维，将城市非涉密数据有条件地开放，鼓励企业基于开放的数据进行数据收集和研究，挖掘出大数据背后的潜在价值，为百姓提供更为智能和便利的服务。

为使智慧城市投入的资金更有效率和针对性，在城市建设中，应运用互联网众筹的思想，开展百姓需求调查，了解百姓最迫切希望解决的问题，从而有针对性地选择项目，将有限的"好钢"（资金）用在"刀刃"上。

第三，避免建设中出现"烂尾楼"。

智慧城市建设内容较多、工程项目较复杂、建设周期较长，通常需要充足的资金支持，尤其是长期运营需要持续投入大量资金，这对建设城市的经济实力带来巨大的挑战。由于资金保障不充分、投融资机制和重大资金监管机制不健全等，很有可能导致智慧城市建设难以为继，出现类似工程建设中的"烂尾楼"现象。这种现象已经在全国的部分智慧城市建设中出现苗头，前期规划的项目工期延缓或停工，一些项目甚至出现招标时无人投标、中标后无人施工的局面，导致智慧城市建设停步不前。

在经济实力并不雄厚的条件下，在智慧城市各信息化项目立项前，应先找到合适的商业模式，以合适的角度切入智慧城市领域，要分步骤、有计划地完成智慧城市建设目标。应建立智慧城市专项资金，鼓励和引导具有管理、技术和资金优势的企业、社会机构参与智慧城市建设。应建立项目资金统一管理制度，有效加强资金监管，明确资金使用来源和去向，力争做到集约、节约建设。

第四，建设过程循序渐进。

智慧城市建设应循序渐进，避免贪大求全。如果一个城市的领导仅把智慧城市建设作为一项政绩工程或"形象工程"，在建设目的不明确、思路不清晰的情况下盲目跟风，很容易与智慧城市的科学发展理念相悖，偏离城市现代化的发展方向。每个智慧城市的建设都应从城市自身的发展现状出发，围绕满足城市建设和居民生活的需求，寻求合适的智慧城市建设路径，最大限度地提高城市的运转效率，为当地居民在医、食、住、行、游、教等方面提供便捷的服务。

总之，智慧城市的各建设项目之间可以排出优先顺序，对经济效益好、社会效益明显的项目，优先选择；对经济效益不好、社会效益不明显的项目，慎重选择。创新智慧城市投资运营模式，要找到比较容易取得实效的突破口，踏踏实实、一步一个脚印地开展工作。

◎新常态下城市银行的金融创新

2014 年 5 月，习近平同志在考察河南的行程中第一次提及"新常态"。当时，他说："中国发展仍处于重要战略机遇期，我们要增强信心，从当前中国经济发展的阶段性特征出发，适应新常态，保持战略上的平常心态。"这是中央领导人首次以"新常态"描述新周期中的中国经济。所谓"新常态"，就是不同以往的、相对稳定的状态。这是一种不可逆的趋势和发展状态，意味着中国经济已进入一个与过去 30 多年高速增长期不同的新阶段。

经济决定金融，中国经济"新常态"必然催生中国金融的"新常态"。金融专家普遍认为，中国金融的新常态呈现"一增、一降、一紧、一窄、一严、一冒泡"六个显著特征。"一增"，金融业风险增大，不良率上升，据银监会数据，2014 年第三季度末我国商业银行不良贷款率 1.16%，较上季度末上升 0.09 个百分点；"一降"，受互联网金融、资管市场快速壮大的影响，银行业存款类负债业务增速显著下降；"一紧"，商业银行在"一增一降"双重压力下收缩资产业务，金融市场流动性显著趋紧；"一窄"，利率市场化加速和流动性压力推升融资成本，实体企业盈利普遍下降，利差空间进一步收窄；"一严"，中共十八届四中全会推进依法治国、依法行政，金融监管将强化，监管要求将更高、更严；"一冒泡"，宏观经济下行背景下各领域集聚的风险在集中"冒泡"。

在城市银行中，规模较大的是中国银行、中国农业银行、中国建设银行、中国工商银行、中国交通银行，以及当地商业银行和当地信用合作社，再有就是居于各个城市的地方银行等。在经济"新常态"宏观框架下和金融"新常态"下，越来越多的城市银行认识到了现阶段的金融创新不同以往，包括"五大银行"在内的许多银行已经率先行动，与通信企业、第三方支付、实体企业、基金公司、政府等广泛开展合作，"以客户为中心"的战略理念也开始由务虚转向务实，城市银行金融创新已全面进入了新的"合作时代"。

第一，牵手通信：发力移动支付创新。

移动互联网技术的不断突破，使移动支付成为金融创新的重要方向。移动支付本身是一种重要的金融创新，可以依据它开发出多项创新金融产品和服务，推动金融服务普惠化、智能化。近几年来，随着技术条件的日益成熟，电信运营商与银行或第三方支付已经深化合作推进移动支付。目前，除了五家大型银行外，浦发银行、招商银行、光大银行、中信银行、广发银行等多家银行已经与三大运营商结盟，进军 NFC 手机支付业务。

第二，牵手第三方支付：共同拓展普惠金融。

传统的金融业是典型的规模经济产业，广大的小微企业由于分布分散、信用风险高，一直被传统银行排斥在外，其借贷可得性问题一直不能得到有效的解决。但是近几年来我国网上交易日益发达，通过获取和挖掘网上交易数据来解决服务小微企业中存在的信息不对称问题和高成本问题已成为可能。

中国电子商务研究中心监测数据显示，2014 年上半年，全国电子商务交易额达 5.85 万亿元，同比增长 34.5%。电子商务离不开第三方支付平台的支撑，电子商务的快速发展也促进了第三方支付业的快速发展。2011 年之前，第三方支付业还只有支付宝、汇付天下、快钱、银联商务等几家大巨头，经过四年的发展，我国持有第三方支付牌照的企业已近 300 家。第三方支付企业通过为交易提供支付服务而获得了海量的交易数据，这些数据对银行来说是十分重要的信息。一些银行已经开始与第三方支付企业合作，共同推进普惠金融。

第三方支付企业中，支付宝主要为阿里巴巴提供服务。从近期合作进展看，银行与第三方支付合作利用第三方支付的 POS 交易数据开展小微贷款是合作的重要方面，如中信银行与银联商务、浦发银行与通联支付合作推出的 POS 贷款。未来随着国家对第三方支付监管的升级，第三方支付与银行（尤其中小银行）之间的合作将会更加多样化。

第三，牵手产业：再造"圈链"模式。

银行发展和竞争的关键是"客户资源"，谁掌握了优质的客户，谁就能在激烈的竞争中立于不败之地。通过第三方支付获得客户的交易数据是为了获得客户资源，通过搭建线下平台聚集客户也是为了掌握客户资源。在线下平台方面，民生银行的"联盟模式"和平安银行的"金橙俱乐部"尤其值得研究。

民生银行是金融创新方面的积极践行者，无论是业务创新还是体制改革都为业界树立了很好的榜样。在业务开拓方面，民生银行的"圈链"开发有自身的特色：一是在产业领域积极推进"联盟制"，民生银行先后发起了亚洲金融合作联盟、中国并购合作联盟、金融服务联盟，还与中国家电协会等拥有"圈链"资源的机构开展合作；二是在全国范围内大力发展社区金融，虽然银监会出台的相关措施使其社区战略受阻，但是互联网金融、直销银行的发展为开发社区商业圈提供了新的空间。

第四，牵手基金公司：发展互联网理财。

2013 年是我国的"互联网金融元年"，余额宝的出现掀起了一波以互联网理财为主导的互联网金融改革浪潮。在其带动下，京东、阿里巴巴、苏宁、国美等电商企业及百度、网易、新浪、搜狐等互联网企业纷纷加入互联网金融军团，各种类余额宝产品纷纷面世，并以其良好的用户体验分流了银行存款。

在互联网理财的热潮中，以货币基金为基础的理财产品几乎成为理财产品的标配产品，受此影响，许多银行也不得不仿效电商和互联网企业的做法，与银行下属的基金公司或外部基金公司合作，推出银行系列余额宝产品，代表产品包括民生银行"如意宝"、兴业银行"掌柜钱包"、中国银行"活期宝"、平安银行"平安盈"、交通银行"快溢通"、工商银行"工银薪金宝"、招商银行"朝朝盈"、浦发银行"普发宝"、中信银行"中信薪金宝"等。

2014年下半年，各银行在理财产品上线后，又开始从产品端创新向渠道端创新过渡，纷纷开始建设直销银行，民生银行、兴业银行、华润银行、南京银行、重庆银行、平安银行、江苏银行、广东南粤银行、华夏银行、宁波银行、浙商银行、上海银行、恒丰银行等十几家银行的直销银行陆续上线，但目前，直销银行的上线产品仍然较为单一，互联网理财产品仍占主导。

第五，牵手政府机构：实施"金融圈地"运动。

当前金融改革推进速度很快，商业银行之间甚至商业银行与其他金融或非金融机构之间的竞争日益加剧，一些银行十分注重通过与政府机构的合作来加快扩展业务半径。在银政合作方面，浦发银行可以说做得十分出色。

浦发银行把政银合作作为银行业务扩张的重要策略，近几年来与上海、山西、湖南、湖北、新疆等数个省级政府及数十个地、县级政府开展合作，扩大和深化其在这些地区的金融业务。与此同时，浦发银行还与许多省市的一些大型企业或企业集团签订战略合作协议，并以此稳定和扩大优质客户资源。此外，浦发银行还推出了智慧城市综合金融服务方案并且已经和六个城市或地区的"智慧城市"主管部门进行了沟通，拟选择部分示范项目进行重点推动。

此外，上海银行的银政合作模式也颇有借鉴意义。2010年，上海银行和浦东新区政府签订了《浦东新区中小企业融资服务战略合作协议》，浦东新区政府转变政府管理职能，从过去直接介入单个企业补贴的"微观管理"变为"直接补贴给银行，为银行建立风险补偿基金"。上海银行则进一步降低贷审门槛，充分发挥政府风险补偿基金的杠杆作用，不断扩大业务受理范围。过去三年间已累计为800多户小微企业提供了信贷支持，贷款余额较合作基期净增50.1亿元，三年内不良率则始终保持在0.4%以下。

从上述城市银行金融创新实践来看，无论是银行单独创新还是与其他机构合作创新，无论是产品创新还是渠道创新，其最终目的在于促进业务的扩张和自身竞争力的提升，而这一目的能否实现要看客户的认可和接受程度。因此，只要商业银行真正地"以客户为中心"去寻求创新突破点，以"创圈子、串链子、搭台子、触网子"来研发设计创新，以开放的思想、合作的态度励行创新，一定可以探索出因地制宜、因人而异的金融创新产品乃至金融创新模式，并借助创新之力实现长久的可持续发展。

◎ "互联网＋"下的平等众筹机会

众筹，即大众筹资或群众筹资，是指用团购和预购的形式，向大众募集项目资金。现代众筹指通过互联网方式发布筹款项目并募集资金，是新兴互联网金融的一种类型。国家制订并提出"互联网＋"行动计划后，作为金融与互联网结合的一部分，众筹让普通投资者找到了资产保值、增值的路径；同时，公益众筹、普惠金融等也获得了前所未有的发展。

第一，"互联网＋众筹"创造的平等机会。

创业者利用互联网和 SNS 传播，让小企业、艺术家或个人对公众展示众筹项目的创意，争取大家的关注和支持，进而获得所需要的资金援助。项目的商业价值不再是获得资金的唯一标准，只要是网友喜欢的项目，都可以通过众筹的方式获得项目启动的第一笔资金，从而为更多创新企业和个人提供无限的机会。

众筹从诞生之日起就带着互联网的基因，它从几年前引入中国以来就被深深地烙上电商的印记。在淘宝众筹平台上，2014 年近半年来点击率同比翻了 10 倍，这对于创新创意类产品来说，是巨大的红利。有数据显示，截至

2014年4月10日，淘宝众筹共有1000个项目上线众筹，参与人数超过150万人，单个项目众筹最高金额超过1500万元，累计众筹金额超过2亿元。其中，科技类项目众筹金额占到90%。

事实上，京东众筹也一直被视为京东内部的核心业务，被认为是其与阿里、腾讯BTA平台差异化竞争策略之一。而京东众筹打造的不仅是一个筹资平台，更是一个孵化平台，一方面扶持有创意的个人或小微企业；另一方面丰富京东用户的体验，满足用户的消费升级需求。京东众筹是结合京东商城的全品类平台和优质客群的优势，打造出门槛极低、新奇好玩、具备生活品质、全民都有真实参与感的众筹平台。京东权益类众筹上线于2014年7月，截至2015年3月25日，总筹资额已达2.8亿元，项目筹资成功率已超90%，其中筹资百万级项目69个，千万级项目有7个，已成为中国最大的权益类众筹平台。

第二，公益众筹，优点显而易见。

公益众筹，是指通过互联网方式发布筹款项目并募集资金。相对于传统的公益融资方式，公益众筹更为开放。只要网友喜欢的项目，都可以通过公益众筹方式获得项目资金，为更多公益机构提供无限的可能。

公益众筹属于纯公益性筹资，具有三大特征：一是门槛低，无论基金会、注册机构还是民间组织，只要是公益项目就可以发起众筹；二是众筹方向多样性，公益项目类别包括助学、助老、助残、关爱留守儿童等；三是借助大众力量，支持者可以是普通的民众，也可以是企业。正是由于这些特征，当公益遇到众筹，优点是显而易见的。

公益众筹一方面可以为个人发起公益项目提供平台，实现很多年轻人有趣、大胆的公益梦想；另一方面也降低了公益机构募资的门槛。同时，众筹对公益机构的能力有提升作用，特别是有商业背景的综合类的众筹平台，可以用商业思维对项目的筛选和指导提出有效的建议。

另外，众筹平台对信息披露的充分性有比较高的要求，所以可以推动公益行业的透明、规范。公益众筹对个人和"草根"机构是开放的，也是有成本的，如果前期花了非常多的精力但是没有达到筹资目标的话，成本是无法收回来的。所以，项目的创新、筹款产品的吸引力及社交媒体的运用能力是众筹当中至关重要的三个因素。

第三，发展中的中国普惠金融。

普惠金融，是指立足机会平等要求和商业可持续原则，通过加大政策引导扶持、加强金融体系建设、健全金融基础设施，以可负担的成本为有金融服务需求的社会各阶层和群体提供适当的、有效的金融服务，并确定农民、小微企业、城镇低收入人群和残疾人、老年人等其他特殊群体为普惠金融的服务对象。

"普惠金融"第一次正式写入党的决议，是在中共十八届三中全会上，其内涵也更为丰富。首先，客户覆盖面更广，服务对象从低收入群体扩展到了城市白领、小微企业、弱势产业及欠发达地区。其次，产品和功能更加多样，除了存款类产品，还提供更为广泛的诸如信贷、支付、结算、租赁、保险、养老金等服务，模式也由单一的线下拓展为线下、线上并行，网络化、移动化特征明显。最后，理念发生了重大转变，普惠金融不是政府扶贫，它不同于政策性金融，也有别于普遍服务，而是既要履行社会责任，又要遵循商业可持续原则。

事实上，在普惠金融模式下实现商业可持续是世界性难题。我国不少金融机构在这一领域进行了长期探索和实践，遇到过机构网点覆盖率低、专业人手不足、作业成本高、信用信息采集难等问题，也取得了长足的进展和有益的经验。

我国正处于经济转型的关键期，金融领域的改革在不断深化，普惠金融的经营模式、创新能力和服务水平也有待改进和提高，所以需要从国家战略的高度对普惠金融体系进行构建：一是发挥政策性、商业性和合作性等金融机构的作用，继续深化农村、中小金融机构改革，切实降低市场准入标准，培育和发展新型的普惠金融机构，构建多层次、可持续、适度竞争的普惠金融服务体系；二是鼓励各类金融机构适应低收入群体和小微企业的需求，加大信贷、保险、期货等业务创新，发挥不同金融工具间的协同效应，健全风险分散、转移和管理机制，提升普惠金融体系的服务水平和可持续发展能力；三是探索设立普惠金融服务基金，通过资金支持、风险补偿和技术扶持等方式，完善普惠金融体系的基础设施，引导更多的金融机构到县域、乡镇和其他偏远地区提供普惠金融服务；四是完善普惠金融发展的外部环境，加大包括财政、货币、监管等政策的扶持和引导力度，推进社会信用评估和担保体系建设，加强金融消费权益保护，夯实普惠金融发展的基础。

总之，"互联网＋"下的众筹创业项目，未来终将走向市场营销、产品制造、运营、产品物流等层面，所有这些环节背后是与之相关的服务供应商一起组成了众筹的整个产业链，人们可以参与到其中任何一环，并可能会获得意想不到的收获。从另一个意义上讲，即便是撇开做大流量、大数据、大开放平台的百度、阿里巴巴、腾讯，在众筹的路上也还有很多其他的机会。

◎ 解决城市建设投融资难题的建议

当前，随着城市基础设施需求的日益扩大，建立在高度集权的计划经济体制基础上的，以政府财力直接投入为主导、行政配置资源为主体的城市建设投融资体制，已无法适应城市化进程的需要。迫切需要进行城市基础设施投融资体制改革，打破公共行业的市场垄断，开放城市基础设施市场，进一步发挥市场配置资源的基础性作用，推行以市场化为取向的体制改革和机制创新，建立政府融资平台化、公共事业民营化、投资主体多元化、企业投资主体化、运营主体企业化、融资渠道市场化的新型投融资体制。

第一，及时转变思想观念。

长期以来，传统体制使得人们对城市建设中公共行业的理解存在偏差，往往只注重它的社会公益性、福利性，认为公用行业向社会提供服务应该是无偿的，即使收费，也只能是象征性的。实践证明，无视公共行业经济属性的观点，只能导致这一行业的不断萎缩和衰亡。今后必须真正树立"经营城市"的理念，以符合现代企业制度要求的企业组织形式来运作城市建设，构建城市建设资金的良性循环机制，最终实现可持续发展。

第二，拓宽城市建设投融资渠道。

在投融资时应注重直接融资，加快利用资本市场进行融资的步伐，开辟科学、合理的筹资渠道，丰富筹资方式，形成城市基础设施建设的资金筹集、使用和偿还的良性循环机制。主要是从股权融资和债权融资及各种融资模式的组合方面进行研究，挖掘城市基础设施建设投资的盈利点，吸引民间资本和外资进入，形成市场化的投融资格局。

第三，盘活存量，搞活增量，推动城市建设的可持续发展。

盘活存量资产、搞活增量资产和激活无形资产是经营城市的重要内容和组成部分，三者相辅相成，互为条件。通过经营城市，最终要使城市资本实现"投入、经营、增值、再投入"的良性循环，真正实现"以城养城，以城市建设城"。

第四，实行"政企分开，投、建、管分离"，提高运行效率。

实行"政企分开，投、建、管分离"，可消除传统体制下严重的"等、靠、要"现象，政府可以把主要精力转向为投资者服务，为各类投资者创造公平的投资环境。同时，政府应防止从统办统揽的职能定位极端走向全盘推向市场、由市场主宰的职能虚位极端，在整个城市投融资体制改革中，必须切实加强政府的监管、导向、调控作用。

第五，加强对城市建设资金的管理与监督。

具体应该采取的措施如表7-2所示。

表7-2　城市建设资金的管理与监督措施

措施	内容
制度建设	建立健全相关制度规范，从制度上为强化建设资金管理提供保障，做到"两控制一加强"
审计监督	把内部审计和外部审计、过程中审计和事后审计有机结合起来，包括对工程合同、支付凭证和工作量的审核，控制支出的合法性、合理性和正确性，并严格审核项目用款，减少项目资金沉淀
体制改革	配套进行项目管理体制改革，进一步发挥市场机制配置资源的功能。通过推行项目法人责任制、设计施工总承包制及项目代理制等，对项目管理体制进行改革，降低建设成本，提高投资效益
完善机制	建立城市建设发展专项资金，完善偿债机制。建立稳定的城市建设发展专项资金和可靠的贷款偿还机制，是保持城市建设可持续发展的重要保证

总之，通过转变思想观念、开辟投融资渠道、盘活存量、做好调控、加强监管，形成良性的投融资循环机制，能够有效缓解城市建设投融资难的问题，从而确保城建资金的稳定供给。

◎REITs 思维，造就小城市大金融

金融是现代经济的核心，也是城市发展的核心。脱离金融手段搞城市经

济，城市经济也必然做不大。因此，即使是小城市，也要有大金融的思维，比如通过"地产＋金融"的组合模式，以债权、股权和收益权来发展区域性REITs（房地产投资信托基金），从而实现以大金融推动大产业。

REITs从本质上看是资产证券化的一种方式，其信托业务实际上是"房地产财产信托＋受益权转让"业务。运用REITs思维，就是以"地产＋金融"的组合模式，实现由纯债权转向股权，并向拿地等前端环节深入，与开发商携手，分享房地产开发整个流程的收益。因为债权的收益是从开发商兜里掏钱，不能长期持续，只有股权投资与合作者共担风险，一道从市场中赚钱，凭借专业能力获得高收益才可持续。事实上，这种方式在2012年频繁出现在保利地产的运作中，具有典型意义。

2012年10月30日，保利成都公司、信保（天津）股权投资基金管理有限公司、四川遂宁市河东新区管委会三方签署合作协议，拟在遂宁市打造中华养生谷生态国际度假区。资料显示，该项目总用地面积约3000亩，投资总额约55亿元，规划有森林湿地运动休闲基地、五星级度假会所、特色风情小镇等。在此次进军四川旅游地产之前，保利地产与信保基金就曾有过一次联手合作的高调亮相。在当年10月初的上海土拍会上，保利地产联手信保基金力压华润、中海、绿地等龙头房企，以45亿元拿下上海徐汇区滨江地块，并一举创造当年上海地块新高价。在更早一些的时候（当年3月），保利地产亦曾与信保基金合作以18.7亿元拿下佛山新城一幅地块。

REITs具有其他投资产品所不具备的独特优势：第一，REITs的长期收益由其所投资的房地产价值决定，与其他金融资产的相关度较低，有相对较低的波动性且在通货膨胀时期具有保值功能；第二，可免双重征税并且无最低投资资金要求；第三，REITs按规定必须将90%的收入作为红利分配，投资者可以获得比较稳定的即期收入；第四，在美国REITs的经营业务通常被限制在房地产的买卖和租赁，在税收上按转手证券计算，即绝大部分的利润直接分配给投资者，公司不被征收资本利得税；第五，一般中小投资者即使没有大量资本也可以用很少的钱参与房地产业的投资；第六，由于 REITs 股份基本上都在各大证券交易所上市，与传统的以所有权为目的的房地产投资相比，具有相当高的流动性；第七，上市交易的 REITs 与房地产业直接投资相比，信息不对称程度低，经营情况受独立董事、分析师、审计师、商业和金融媒体的直接监督，这些优势有利于解决房地产行业因信贷紧缩带来的资金短缺问题。同时，在政府持续调控下，房价将趋于稳定，租金回报率增加，房地产信托投资基金等证券化产品将推出。这些因素都有利于地产基金发展。

REITs 目前分为五大流派，在市场上各有发展。一是以开发商为背景主导发起（或联合设立）的房地产私募基金，如金地在香港全资成立的稳胜基金、复地集团成立的复地景业股权投资基金等；二是专业地产及金融人士主导发起并管理的私募基金，如星浩资本、高和投资、永安信地产基金等；三是具有国企和政府背景的房地产基金，如北京工商联房地产商会及北京市住建委试点的公租房保障房基金等；四是以金融机构为主发起设立的地产基金，主要指信托公司联合房企、基金管理公司发起设立的信托型基金，也包括国泰君安、中金证券、广发证券等目前正在试水房地产基金的券商机构；五是以商会、协会为主导发起的基金，如华房基金等。

对于开发商来说，做债权型的基金只能在资金上实现短期"解渴"，并不能降低公司的负债率，意义不大。而股权型的基金虽然说成本相对较高，但可降低公司负债率，无须抵押，且收益率更容易控制，这也是开发商纷纷转做股权型基金的原因。

第八章　房地产业:"互联网 + 城市" 下如何赢在新常态

在"互联网 + 城市"形势下,房地产行业业态已经在调整转型的过程中产生了很大的分化。从住宅到商业地产再到现在产业地产的兴起,开发商的身份也在转型升级中发生了变化。以园区地产为例,开发商已介入园区的整体规划定位、开发建造、运营乃至服务,甚至渗透到城市运营中,显示出行业发展的极大潜能。房地产行业转变思维,拥抱互联网,才有机会在新常态中生存壮大。

◎ 互联网对房地产行业的颠覆

放眼当今社会,互联网基因、大数据方法已经不断深入渗透各个传统行业。互联网颠覆了不少行业,比如报纸、报纸分类广告、传统零售业、手机销售店等,资本雄厚、链条很重很长的房地产业同样不能幸免。

互联网造不出房子来,那么它以什么样的方式和路径来改变或颠覆房地产呢?

第一,房地产供应链的标准化和电商化。

房地产供应链包括设计、施工、材料、装修、电路管道、园艺、文化、近场零售和消费等环节，目前一些知名的房地产商如龙湖、万科等也许已经做到了标准化，而大多数中小房地产商是做不到标准化的。所以，房地产设计机构可以将通过模块化、情景化设计的标准化产品，以更低的成本供应给数量众多的中小型房地产商。

电商化是房地产商开放房地产综合体的信息化平台，如果不能做到信息化，那么，房地产商的综合体项目的附加值和持续服务盈利能力就会被削弱，通过电商化整合供应链和业主服务环节，可以让社区变得更加智能化和便利化。房地产商基本上不具备构建和开发这样复杂而庞大的电商系统的能力，这就是互联网公司的机会，它们不仅可以将电商系统输出给大型地产商，也可以输出给二、三、四线的小房产商。

第二，互联网化盘活厄余资产。

互联网最大的能力是开放透明的信息市场，而房地产领域由于多年的疯狂建设、工厂倒闭、不舍得出租等因素产生了大量劣质或厄余资产，这些资产的共同特点是不适合个人出租居住用途，而一旦闲置下来就造成极大的浪费，这时候互联网应该发挥作用了。

被淘汰的厂房可以简单改造成车库创业的工作场所，也可以通过众包创意进行再创造，比如北京望京 798 里的老厂房不少被开发为企业开大型发布会的场所，社区里被改造成各种文化创意类的作坊。如果通过互联网把类似的资源共享，让有创意的人才来重新发现，就可能变废为宝，即便本地没有这样的人才，互联网上也有这样的高人。

第三，物流地产的互联网化变革和颠覆。

物流地产投资也不小，但是社会上很多物流不需要太庞大的物流中心，尤其是一些中小型电商的物流，如果利用互联网把全国各地有多余仓库的人们链接起来，大家实时地分享仓库的空间和存积情况，让仓储变得更加众包化，这样既可以增加仓库的收入，同时也能让电商企业或 SOHO 创业一族减轻一些物流支出。全国有很多这样的仓库，也有很多苦于仓库周转的创业者，尤其是那些应付天猫"双十一"的中小型电商企业。

面对互联网的颠覆式冲击，房地产业必须专注于打造极致产品，建立良好的市场口碑，快速解读消费者的需求变化，这也正是中国房地产业追寻的价值地产之路。做到这些取决于能力，更基于态度和智慧。显而易见，从开发商的角度来说，打造超越同行的产品已经远远不够，房地产的发展已经无可避免地撞上互联网，未来谁能更快、更好地将其嫁接到房地产，谁就将占领下一个制高点。

◎信息技术助推城市房地产业发展

随着以网络为代表的信息技术的迅速发展，城市房地产业也开始了一场深刻变革，一方面是智能化房屋开始走入普通人的生活；另一方面是房地产经营方式开始打上信息时代的烙印。具体来说，信息技术有以下五个方面的作用。

表 8－1　信息技术对城市房地产业发展的作用

作用	内容
住宅建筑领域	在住宅建筑领域，能大大提高建筑工业化、住宅产业化的水平，在公共建筑方面，智能化、科技化和人性化服务必将是未来公共建设的重要内容，必须要将信息技术、智能技术融入设备管理的自动化系统、通信网络系统和办公自动化系统，实现建筑、设备、服务和居民四个要素的最佳组合，为人们提供安全、舒适、节能、高效的工作和生活空间

作用	内容
管理作用	在管理方面，能提高企业在质量管理、进度管理、成本控制、现场管理等方面的精细化管理水平，提高企业的经济效益和社会效益
创新商业模式	随着信息技术线上支持线下服务的普及和提高，目前，O2O 的商务性服务模式对商业地产的挑战已经显现，但同时也推进了商业地产、旅游地产等应用管理模式的创新。万达联手百度、腾讯打造万达电商，说明传统的商业已经开始进入 O2O 领域。在养老服务领域，将为居家养老、社区服务、机构支撑等方面提供智能化的技术支撑，特别是在居家养老方面，通过在社区建立一个兼容性较强的智能家居处理平台和居家老人的信息库，并通过宽带互联网和家庭的控制网络为居家老人在安全监控、医疗护理、送药服务等方面提供专业、快速的人性化服务
"智慧城市"建设中的作用	根据国家发展和改革委员会、工信部等八部门近日联合印发的《关于促进智能城市健康发展的指导意见》，到 2020 年，我国将建成一批特色鲜明的智慧城市，随着智慧城市建设的推进，必将有一批智慧社区出现，而智慧社区也就是我们现在开发的一些比较大的社区。这就是物联网、云计算、下一代的互联网等新技术应用在城市、在社区推广，使城市和社区的运营更加安全、高效，市民的生活更加快捷、舒适
规划上的作用	在城镇化的规划建设方面发挥作用。在个人的住房信息联网以后，各层次人民政府可以根据城镇化的进程和居民合理的住房需求组织开发建设，科学编制并实施住房和保障性住房的建设规划和计划，确定住房的建设总量、结构和布局，确定土地的有效供应

我国的房地产业已经进入了市场的调整期和行业的转型发展期。市场的调整期主要表现为结构的调整和政策的完善；行业的转型发展期主要是转变以大量消耗资源能源实现经济增长的传统模式，按照加快建设资源环保一号新社会的要求，通过建筑的工业化、住宅产业化的路径，开发建设"四节约"环保，也就是节能、节地、节水、节材，提高发展的质量和效益。因此，市场的调整和行业的转型会导致改革创新，这恰恰适合信息技术和智能技术发挥作用。

◎互联网思维主导房地产行业变革

互联网思维风暴从 2013 年就开始在地产界中流行，至今有愈演愈烈之势。电商的强势渗透和上位引发的房地产互联网思维逐渐甚嚣尘上，从依托互联网打造的物业管家到"小米公寓"应声落地，互联网思维似乎正在主导房地产走向大变革时代。

互联网思维的出发点即是人性需求，而无论人性有哪些差异化的需求，亘古不变的还是用户体验。基于这一原则，当下互联网改造更多的是房地产行业中的销售环节，而正在发生的趋势是互联网思维的社区服务环节。与此同时，此前房地产行业的从业者一直认为的最根本的开发设计、拿地等环节互联网思维短时间无法渗透的观点，现在看来也正在逐步改变。

互联网改造房地产的不同环节有不同特性，因为各环节对互联网的适应性不同。目前来看，互联网思维对于房地产行业变革影响最大的是销售和物业服务。

房产电商平台正在成为主流营销模式，从目前的效果看其达到了在大数据时代下多赢模式的初步阶段。一方面，房产电商使购房者方便地获取房源信息，更重要的是购房者通过这个平台购买的房屋可以得到比线下销售更大的优惠。另一方面，对于开发商来讲，不但能免费获取强大的营销路径和客户路径促进销售，而且节省了大量的推广和促销费用。而作为居家服务商的电商运营企业也能分得一杯羹。销售环节模式的变化，势必影响到开发环节，此前是房子即将开卖时通过卖方市场被动告知买家，而在互联网思维下买方市场的主导思维显然更强，开发商可以通过招揽用户、交流反馈来针对特殊人群进行设计，类似于定制产品，"小米公寓"即属于这种类型。

与营销环节相比，互联网思维下的物业管理似乎是一块更具想象力的"蛋糕"。其通过整合产业链下游的物业服务、社区商业、智能家居等产业，成为社区运营的平台，把住户变成用户，最终形成闭环的社区服务的商业模式。比如花样年物业自主研发出了一套社区物业管理电子商务平台——"彩生活"，业主足不出户就可以享受到集订购、配送、服务于一体的"一站式"服务。其单列上市即是对该模式的认同追捧。继花样年之后，基于其社区庞大的人口基数和数据库，万科、绿城也先后在物业管理上进行互联网思维的布局。

2014年，发生了一场围绕房地产电商的、从线上到线下的、没有边际的"中介生死战"。自3月开始至12月，以中原、美联、世华、链家为代表的中介代理公司和以搜房网、安居客为代表的房产网络平台，联盟、封杀，再联盟、再封杀，从利益之争到模式之争，交织着爱恨情仇的一连串事件，犹如一部高潮迭起的大片。而各家也都囤积了数以亿计的重金应对"消耗战"、打造自有线上平台。可以预见的是，无论从O2O的哪一端出发，房地产中介行业在"战国时代"之后，将迎来垄断线上、线下绝大多数资源的"寡头时代"。

其实，我们首先要解决的是房地产业内对于互联网网络文化、互联网生态、媒体化表现的基本认识。作为一个虚拟世界，我们正在完成从人与网的连接，到人与人的连接，而未来是万物连接。在互联网世界，每个角色都很独特，虽然互联网的产品迭代很快，我们依旧会发现，基于衣食住行的互联网改造，都是冲着提升和改变当下的生活而去的。因此，互联网思维带给房地产的，不仅是某一种模式或某一种产品对于房地产行业的影响。

◎互联网时代房地产深耕客户资源

互联网的本质是开放的，是你的业主不一定就是你的客户，最关键的是后期的服务；再加上土地是有限的，扩张是有边界的，房企在物理空间上非常密集，所以，各大开发商深耕客户资源已经是大势所趋。

深耕客户资源一般要从开发、物业、营销三个环节入手。开发环节由于用户性质不同，移动互联网影响并不大。对于目前中国大多数项目型房地产公司来说，开发商与客户的关系基本都是一次性发生的，不像互联网拥有长期客户或用户。至于在物业管理上的探索才刚刚开始，"彩生活"的模式还需要时间检验。

接下来就是营销环节。营销环节是互联网影响最明显的一环。以前都是房子快上市了才发布广告，现在可以在房子设计时就做广告，通过抓取用户、交流反馈来影响设计。这就比较像定制，所以在产品上市时就基本不需要大量广告。

在营销环节，互联网是一种非常好的工具，信息会越来越透明，骗人的事情会越来越少，但是认为有人把房子在网上挂出来、就有人在网上买的想法比较天真。这是由房地产行业的特征决定的，房地产做到信息对称太难。比如说二手房交易，一个房子卖了几次、房型是什么，消费者很难从政府部门拿到资料，在中介公司看到的房型图是他们自己画出来的。没有专家，房地产信息会更加不对称，交易要不断谈判，效率会更低。因此互联网不会消灭地产中介，而是会成为中介的工具。为了竞争互联网平台，各大房产中介公司把大把的钱花在了互联网端口和虚拟店铺上，这一模式也得到了市场认可。

很多企业做互联网房地产，往往只关注如何吸引客户资源，而忽略了后续对客户资源的深耕和维护。房地产天然形成地理空间上的人际圈层，而通过网络则可以极低的成本将其转化成具备情感共鸣的圈层。你是否考虑过为一个社区的业主、一条商业街的商户甚至一栋写字楼的上班族建立一个网络论坛或者一个微信公众号？这些不仅可以树立企业良好的品牌形象，也是深挖客户资源的便利手段。

总之，互联网时代的房地产商必须将客户资源进行深耕、聚合与再利用，把传统营销做到极致。同时，还要建立富有房产营销经验的新房营销队伍，并在实名制保证下，规范开展营销活动，使员工恪守行业规范，遵守行业底线。

◎ "用互联网改造房地产" 并非天方夜谭

面对互联网思维带来的汹涌大潮，地产大佬终于坐不住了，他们开始思考如何用互联网思维改造房地产业。这是因为互联网思维能够突破房地产行业土地和资金的"瓶颈"。

传统房地产行业最核心的两个问题就是土地和资金，一是融资能力；二是拿地的能力，所以传统的房地产开发的核心工作都围绕着这两者进行。对于产品，马马虎虎就行了，因为用户没得选择，只能忍气吞声地接受。而对于产业链下游的用户，房地产开发商的确没放到眼里，因为跟卖房比起来，产业链下游的配套产业都挣钱太慢了，甚至是赔钱的买卖。比如，房地产业下游的物业管理，很多地产公司都是在房子卖完以后交给第三方公司来做，大多数地产商都没有自己的物业公司。更别说产业链下游的智能家居、装修、商店等产业了，房地产商基本都甩给别人，一方面这点钱开发商看不上；另一方面是这些行业都比较琐碎，整合起来难度太大。

但是，这一切都将会随着移动互联网技术的发展产生改变。虽然房地产行业上游的土地和资金两个要素依旧起着决定性作用，但是产业链下游的用户也在发生改变。特别是随着地价的逐年上涨和政府越来越严的宏观调控，房地产开发付出的资金成本越来越高，利润也越来越低，风险却越来越大。况且房子价格越高，就越难卖，最终会走向有价无市的"滞涨"境地。新房总有一天会饱和，而服务则可以细水长流。房子虽然不可能硬件免费，但是房地产商完全可以把目光放在产业链的下游，通过整合产业链下游的物业服务、社区商业、智能家居等产业，成为社区运营的平台，把住户变成用户，最终形成闭环的社区服务的商业模式。

这并不是痴人说梦，在房地产行业的外围产业，已经有人"淘到金"了。例如途家网，其商业模式一边是有着休闲度假需求的用户，一边是开发商和公寓的业主，用途家的平台解决了信息不对称的问题。在房屋中介行业，也有类似模式，比如链家推出的自如网。

在物业管理方面也出现了一种全新的模式，即不再通过收取物业费来挣钱，而是通过增值服务来挣钱。以前房地产行业的物业是不赚钱的，特别是管住宅，而一家公司索性不收物业费，免费替你管家。虽然管住宅不收费，但住户需要日用品，于是他们开始在社区里通过互联网配送所有家庭需要的物品，相信这种模式一定会越做越大。

互联网思维大家都在谈，互联网公司总在推出新产品，无疑是在争夺用户。智能手机火的时候，大家都在争做智能手机，说是在争夺移动互联网的入口；后来又说智能电视是入口，大家又都去做智能电视；后来又说路由器是入口，大家又争夺路由器市场。等大家拼到最后，其实最终的入口还是房子，如果房地产开发商给你一部手机当门禁卡，家里预装了互联网电视、互联网家电，你可以通过社区的平台去买电、购物和获得服务；空闲的时候，还可以通过手机 APP 跟同是业主的邻居交谈，一起去遛遛狗或打打球。用一部手机，把一个小区的业主甚至更多的人整合到一起，汇聚成一个互联网社区，相当于最高权限的入口被开发商垄断了。开发商通过开放平台的模式，把各种服务整合进来，这门生意必定有诱惑力。

互联网思维的核心就是联结，这其中无非是人与人的联结，人与物的联结，物与物的联结，以及人与人、物与物、人与物的相互联结。小米手机把所有极客联结起来，变成极客社区，成就了小米手机品牌；途家网把所有有度假需求的用户会聚到一起，跟公寓联结起来，成就了新的商业模式；乐视网把所有电视联结一起，就有了互联网电视的概念。而将来，互联网社区则需要把人与人、物与物、人与物三者进行相互联结，这是一项浩大的工程，更是待挖掘的"金矿"。因此，"用互联网改造房地产"并非天方夜谭。

第九章 文化品牌：互联网时代
创建文化之城战略

当今时代，文化软实力越来越成为城市综合竞争力的重要组成部分。互联网时代创建文化之城的重要战略是创建城市文化品牌，打造核心竞争力。为此，广大城市规划者和建设者致力于建设文化之城，用互联网技术塑造城市文化魅力，设计城市个性化文化符号，在城市建筑中表达文化内涵，发挥新常态下城市商业文化的导向作用，使现代城市建设的生活品质大大提升，为城市发展赢得未来。

◎互联网正在重塑城市文化基因

变革时期的城市文化，不能忽视一些新的因素和条件，尤其是互联网、移动互联网及伴随着互联网成长起来的一代代年轻群体，正在改变和重塑着城市文化的基因和表现。从PC互联网到移动互联网，从线性广播的放送模式到网络互动的沟通传播方式，从各种终端的更替到新一代消费人群的成长，互联网正在重新解构和建构着城市运行的方方面面，尤其是文化。

在这个革命性的变革时代，承载文化和孕育创意的基础设施已经发生巨变。宽带互联网、无缝连接的移动互联网、云计算处理、各种适配终端和应用软件等，是今天创意文化生存和发展的基础设施。面对这种革命性的转型，全世界的城市都面临挑战，中国的城市也不例外，所有的文化创意产业城市都在经历着嬗变和重生。更为重要的是，文化创造和文化消费的城市人群也在发生着本质性变化。

在这样的背景下，要提升城市文化软实力，除了传统媒体要用互联网方式重新整合平台和建构平台，实现与线下群体文化体验相结合外，更重要的是，互联网技术下的创意环境、创意平台及创意人群和结构要与专业的整合力量相结合。

对于传统的城市文化创意产业来说，一是硬件设施，比如剧场、电影院、展览场所、主题公园、公共空间等；二是内容和服务，比如演出剧目、音乐节，这是创造体验。现在我们还要关注第三点：移动互联网和移动终端，比如智能手机对城市文化创意产业、旅游业、餐饮服务业的影响。可以想象，随着无线带宽的接入加速提升，尤其是在人口密集的大型城市，高度密集的移动互联网通信形成的网上互动交集将与线下的文化设施及其内容产品与服务形成一种耦合，将大大刺激城市文化创意产业的发展，同时也将塑造新的产业形态和娱乐消费行为。

从传播学的角度来讲，互联网、移动互联网、手机和电脑等各类终端产品，提供的是个性化的文化娱乐消费体验。这种体验是个人化的。但人是群居的，人还需要集体体验，在这个意义上，电影院不可能被视频网络所取代，电影院、功能多样的演出剧场、现场音乐活动、互动方式的展示空间、体育场所、主题公园、文化娱乐休闲消费相结合的城市地标等，作为一种集体体验方式，都会长期存在，而且由于移动互联网的推动，在商业模式和用户管理上还将有巨大的突破。

目前，内容和品牌已经在互联网上产生，用户已经在互联网上积聚，交易也已经在互联网上发生。因此，用互联网重塑城市文化基因，需要大型互联网企业把这些网上体验"下载"到线下，产生新的体验以及消费，这是增加用户黏性、创造新循环系统的方式，同时也是创造快乐体验、覆盖生活方式和娱乐产业的线上、线下的趋势。

◎ 传承历史文化，打造文化之城

文化是生存的灵魂，发展的根基。在城市间的激烈竞争中，文化是软实力竞争的核心内容。传承历史文化，打造文化之城，一方面是科学、正确地保护历史文化遗产；另一方面是让文化增添城市发展的新动力，塑造城市的新精神。

第一，科学、正确地保护历史文化遗产。

关于历史文化遗产保护的一个重要原则就是真实性原则。在历史文化遗产的维护和修缮中，应尽可能做到修旧如旧，通过维护与修缮使其得以延年益寿，而不是将其消灭然后以复制品取而代之。文化遗产中蕴含的历史信息与其真实性直接相关。历史文化价值只有在真实的原物中才能体现，任何新造的假古董都不再具备原物的价值，正如所有文物的赝品不再具有原物的价值。

历史文化遗产保护的另一个重要原则是整体性原则。任何一处历史文化遗存的价值都与之所处的环境有关，失去了整体环境任何单体的历史遗存的价值都会大打折扣。因此在城乡规划中，对于历史街区的整体保护和对于单体建筑保护同样重要。对不处于历史街区中的单体历史建筑，则应尽可能地保留其周边的原有环境，至少应在尺度上保持建筑周边的原有环境。一般情况下，不应提倡历史建筑的迁移保护。那种为了开发地块的"完整"动辄将保护建筑移开的做法并不可取。

当然，完整保护历史并不意味着我们的城市不能建设、发展，但也不是说我们在城市建设中应该忽略城市原有的历史传统。我们对城市建设中忽视历史的做法和千篇一律的城市面貌深恶痛绝，也不赞同在新的建设行为中，通过大量建造假古董来保持和延续历史风貌。新建行为不必刻意模仿历史风貌，但对仍幸存的历史建筑、历史街区、历史村落必须给予足够的尊重和保护。在旧城改造中应坚决刹住大拆大建之风，对于一切有价值的历史遗存必须尽可能地予以保护。只有这样，我们的城市才会既能保护历史传承文化，同时又能创新和发展。

第二，让文化增添城市发展的新动力，塑造城市的新精神。

在文化建设中塑造城市精神要突出"创新"、"繁荣"、"弘扬"三个关键词。

表9-1 塑造城市精神的三个关键词

关键词	含义
创新	不仅要注重科技创新，还要大力倡导"文化创新"的精神，持续深化文化体制、机制的改革创新，将一座城市最有特色、最有影响、最有代表性的历史文化全面梳理、深入挖掘、系统展现，着力打造一批"叫得响、立得住、传得广"的特色文化品牌，让城市人民对历史文化和时代精神有充分的了解和体会，增强认同感、归宿感和自豪感，让城市在更长的时间、更大的空间、更高的层次上赢得新机遇、获得新发展
繁荣	要鼓励社会力量和社会资本参与公共文化服务体系建设，促进基本公共文化服务标准化、均等化，持续建设群众竞技场、百姓大舞台；要大力发展文化产业，主动顺应发展趋势，吸纳聚集文化创新要素和产业资本，推动文化与经济深度融合，开发利用城市丰富的文化资源，并将其加快转化为文化创造优势和文化产业优势，使文化产业成为打造城市经济升级版的重要支柱

续表

关键词	含义
弘扬	要以社会主义核心价值体系引领城市精神，大力弘扬先进思想文化，积极培育和践行社会主义核心价值观，用以爱国主义为核心的民族精神和以改革创新为核心的时代精神鼓舞市民、引导市民，提升市民的价值观念、思维水平、生活情趣

总之，文化是一座城市凝聚力、创造力和自信心的重要源泉，也是综合实力、综合竞争力的重要内涵。传承历史文化，打造文化之城，让城市形成独特的文化个性、文化品位，引领城市塑造与众不同的风格和城市精神。

◎ "互联网 +" 背景下打造城市文化魅力

城市文化是一个热点话题，网络传播也是一个热点话题。将两个热点话题结合起来考虑，特别有意义。而在"互联网 +"背景下打造城市文化魅力，需要一些专业方法和战略思维。

第一，城市主题的宣传。

有很多重要的城市主题可运用互联网进行宣传，比如和谐社会，落实科学发展观，产业转型、创新城市、本地特色等。如果从市场的角度、需求的角度来看，城市的宣传可以概括成三个方面，那就是宣传城市的宜业性，即投资价值；宣传城市的宜游性，即旅游资源；宣传城市的宜居性，即与居民以及外来人口沟通。如果从这三个方面入手，运用专业的宣传方法，必定会取得事半功倍的效果。这就要求塑造城市的品牌，打造城市的品牌形象。

第二，立足宜居、宜业的宣传。

把市民、投资者、旅游者和企业作为城市顾客来看待，尽可能了解和研究他们的需求，设法满足他们的需求，这是一种以人为本的路径，也是一种市场导向的统筹思路。

表9-2　宜居宣传与宜业宣传的含义

立足点	含义
宜居	宜居诉求包括吸引人才、留住人才，不断提升市民的满意度和幸福感，提升城市的生活质量。而城市规划、城市发展的终极目标是以人为本，提高城市宜居水平和质量。作为一种重要的价值取向，宜居应该是城市发展的基本方向。抓宜居形象，一方面是要吸引高端的、富有的、有特长的居民；另一方面是要服务现有的市民。分析精心打造和推出哪些宜居品牌，就是顾客导向、竞争导向的思考模式
宜业	宜业就是鼓励创业、吸引投资、吸引总部和分支，保留现有优质企业并支持其发展和扩张。在改进投资和创业环境方面，要考虑具体的建设和评价标准是什么？哪些指标最具优势？在鼓励、吸引和保持的对象中重点针对哪些产业和企业？改进城市营商环境需要提供哪些项目和服务？重点应该打造哪些营商品牌？这些问题，也是一个顾客导向、竞争导向的思考，是宣传的切入点和动力。另外，城市的宜游性宣传也是一样的道理，从宣传角度来看，也要有一个切实的体系

第三，城市品牌的宣传。

城市品牌不仅是城市的知名度和美誉度，更要通过市民对他们生活方式的自信和自豪及对未来的愿景和希望，把城市的文化特质传达出来，这才是城市品牌的根本。塑造城市特色的核心任务，就是打造城市品牌。在宜居、宜业互动当中，城市品牌化是营销城市、塑造城市形象的制高点。网络时代塑造城市品牌的方法，涉及城市识别的设计、城市品牌的定位、城市品牌结构的设计、城市品牌管理的设计，还有城市品牌推广等，这是一个系统工程，非常复杂。

第四，选择媒介渠道。

可选的媒介渠道有自有、自建、他有和扩展等几类。"自有"就是自己管理的网络媒体，典型的如政府网站，现在政府网站也很多样化；"自建"是城市自己新建的城市形象网站；"他有"主要指门户、专业网站，以及有影响的论坛、社区乃至个人博客等；"扩展"，则是指网站的合作，特别是在线的城市品牌推广活动。从网络技术角度看，现在有电子邮件营销、搜索优先设计、病毒营销、城市博客、RSS 信息聚合开发、内容整合与发布、广告创意、即时通信营销等诸多手段。事实上，对于网络时代的城市营销而言，技术因素仍然是一个末端，最重要的还是战略设计，它是营销诸要素综合作用的集合。

第五，宣传的组织协调要素。

组织制度和协调机制是城市营销的"瓶颈"。比如塑造城市品牌，包括总体品牌、旅游品牌、营商品牌和人居品牌等。营商品牌又包括产业集群品牌、原产地品牌、企业或产品品牌等不同的层级。这些不同维度、不同层次的城市品牌相互作用，形成一个品牌结构，由此可见城市品牌打造需要组织和协调配合。

城市网络宣传、网络形象塑造也一样，其"瓶颈"也是组织协调的问题。国外城市形象塑造的组织模式主要有三种：一是企业化模式，各界代表作为股东，作为非营利的公司来营销城市，做城市品牌；二是社团模式，通过社团理事会和监事会来体现治理主体，营销城市；三是政府管理模式。三者的机制实质都是一样的，就是公私合作。国内这种制度也已经逐步启动，比如有的城市成立了"城市提升形象协调小组"，由市投促委、房管局、旅游局及一些旅游和传媒企业集团组成，通过大量的工作，对城市形象的宣传起到了巨大作用。可以把这种参与、协调的模式叫作城市治理模式。城市营销的治理转型，事实上也是目前我们倡导的地方政府公开化、参与化、民主化改革当中一个有机组成部分，非常重要。

总之，在网络时代，通过专业方法所塑造的城市形象，应该是一个更加文明、更加现代、更富有魅力的城市形象！

◎个性化文化符号是城市文化名片

城市文化是城市的气质，而个性化的文化符号则是一座城市的文化名片。城市文化重在个性特色，失去个性的城市必然会被城市之林所淹没。如何体现个性特征？最有效的办法就是要有彰显个性与特色的标志物。许多城市都提出，要打造城市名片，建设标志性建筑，目的只有一个，就是要突出城市个性特征，形成良好的城市形象，提高城市的影响力和吸引力。

第一，城市个性化文化符号的定义。

所谓城市个性化文化符号，就是能够代表某一特定城市的、为人们所熟知的、具有深厚文化内涵的标志物、著名人物或重大事件等，当人们看到、听到、想到这些人、物、事时，自然而然地想到某一特定城市，这些人、物、事就是城市符号。

城市个性化文化符号可能是一座标志性建筑（或构筑物），如北京的天安门，上海的东方明珠；也可能是一个广场，如北京的天安门广场；也可能是一座雕塑，如广州的五羊石雕；也可能是一个或多个著名人物，如绍兴的王羲之、鲁迅、蔡元培、秋瑾、周恩来；也可能是一座桥、一处园林、一首歌、一幅画、一个典故，只要它有深远、厚重的文化积淀，有广为人知的社会影响和认知度，并与某座城市密切关联，那它就是当之无愧的城市个性化文化符号。

第二，城市个性化文化符号的作用。

城市个性化文化符号是城市最靓丽的风景，是城市的眼睛与品牌形象，是认识和了解一座城市的钥匙，是留存于人们脑海中的深刻记忆。历史是凝固的现实，现实是流动的历史。城市符号既是历史的，也是现实的，它不但是城市今天的辉煌，还是城市明天的骄傲，人们可以在城市符号所蕴含的故事里寻找到、感知到城市的前世今生，进而记住这一城市，并沉淀成为一段抹不去的回忆。

见到上海的外滩，就会想起百年前的十里洋场，昔日冒险家的乐园，也会想到中西文化在这里交融、生长、形成特有的有着显著城市特征的海派文化，还有商业繁荣，市井繁华，霓虹闪烁，歌舞升平，也会想到上海滩头的凄风苦雨和许文强、冯程程在血雨腥风中的凄美爱情故事。在杭州的西湖岸边，人们总是会沉浸在几千年的传说中不肯醒来，白娘子、许仙人"妖"情未了，苏堤、白堤的诗情画意，痴心不改的梁祝羽化成蝶，更有南宋小朝廷偏安一隅，为后世所不齿。就是因为有了这些令人难忘、感人至深的城市符号，人们才喜欢这些城市，向往这些城市。

假如抽去这些城市符号会怎样呢？比如北京没有了故宫、四合院、圆明园、老舍、京剧、大栅栏，南京没有了紫金山、中山陵、秦淮八艳，那么，今天声名赫赫的大都市，就会黯然失色，仿佛失去了灵魂，如灰头土脸的灰姑娘，消失在六宫粉黛的裙裾中。在大拆大建后，那些被摧毁的承载城市记忆、延续城市文脉的建筑，甚至是在城市历史中形成的城市符号，永远地消失了，这些不可再生的文化资源的毁灭，将是一座城市及城市人无法抹去的伤痕。

总之，每座城市都有自己独有的文化符号，它是城市的眼睛，通过这些符号，可以探寻出一种文化、一种历史、一种气息、一种风情，进而构筑城市居民对城市感知和记忆的基础。文化资本经过积淀可以变为经济资本，成为城市发展的新动力。因此，用什么样的个性化的文化符号来勾勒城市，并把这样的文化进行传承，则是当代城市规划和发展必须思考的基本要素。

◎城市建筑文化内涵的选择与表达

城市建筑与城市文化就像一对姐妹，文化是一个城市的核心竞争力，而建筑可以成为城市文化的标签。城市文化是城市的灵魂，城市的文化资源、文化氛围和文化发展水平在很大程度上决定了城市的活力和竞争力，而建筑则是城市文化最重要的载体和空间场所。因此，城市建筑中应该蕴含什么样的文化内涵，以及如何表达这样的文化内涵，是塑造城市品牌的重要内容。

第一，城市建筑中文化内涵的选择。

建筑是文化的载体，作为一种社会观念形态，能够反映其在满足使用需求的同时所体现的人类生活方式和价值取向。一个具有文化品位的建筑，其文化意义常常成为一个地区、一个城市和一段时期的文化标志。文化建筑因其特有的文化功能和广泛的公共参与性更能彰显文化的属性和品格，并表达文化建筑的特征和风格，这是建筑文化也是文化建筑创作的一个特征。

如同人拥有基本的品格和气质一样，对于建筑而言，这种品格通过建筑的造型、空间和内外环境的塑造，构成建筑的整体空间，成为建筑文化的风格和精神。为此，建筑创作常常以主题事件、场所、环境、历史文脉、人物风范、科技特点、高度价值和审美观等为切入点表达建筑的文化品格，创造高品位的文化建筑。

第二，城市建筑中文化内涵的表达。

城市建筑文化内涵的表达准则是紧扣建筑品格的主题，并综合此时此地、此情此景，选择最适宜的建筑构成，可能是单个建筑的构成，也可能是集群的构成。

表9－3　城市建筑中文化内涵的表达

方式	内容
场所	在场所属性的解读和利用方面，可采用彰显或消隐的手法来塑造一个清晰的建筑形态，从较为直接和形象的符号象征走向更加隐喻和神似的抽象表现。以情景叙事展开空间叙事，并使之上升为更富有层次的叙事化场景
视觉	通过建筑外在的材质、纹理、色调等表面信息，表达直观的建筑文化特征，这也是用得比较多的手法
共融	在城市共融方面，采用开放的共融空间吸引和包容更广泛的城市生活，在建筑功能和内容上更加复合、多元和人性化，成为增强建筑自身适应性的手法
细节	在细节表达方面，注重将建筑融入城市文化和自然，而不是作为一个单体存在，在不失去自身气质的同时，避免过于突出，并且对于任何建筑物的细节都要不断进行推敲。比如天津美术馆就是将建筑融入城市文化和自然的典型。天津是一个大城市，在城市中心建立一个大规模自然景观的机会千载难逢。首要问题是怎样使建筑在城市与自然中处于一个更加恰当的位置。基地外围和中间设有绿化带，绿化带中间是天然湖，基地像洋葱一样层层包裹。中央湖区及周围的绿化带得到了非常好的利用，居民可在此享受惬意的时光。通过这一设计的建筑物是一个整体，建筑位于城市与湖水之间，与自然、城市都能建立联系

　　总之，文化性是对一座建筑相关特点的最高概括，而建筑品格则是建筑文化的境界，是建筑的灵魂。中国城市建筑需要传承历史文脉，积极利用信息化技术在建筑中注入新的血液，赋予新的城市文化品位和内涵，这样的城市，历史的记忆才能得到保存，文化才能真正实现时间轴上的传承，存在于过去，着眼于现在，面向于未来。

◎ 新常态下的城市商业文化

　　城市文化产业结构的本质就是通过城市文化的整合和潜在力量，在满足人民群众文化需求的同时，实现文化产业的市场化运营；通过市场，进而丰富城市的产业结构，巩固城市的产业基础，有效地推动产业发展和升级转型。在新常态下，城市文化产业离不开商业文化的发展，离开了商业文化的发展，城市文化就是一句空谈，是一些表面文章。

新常态下的商业文化对城市文化产业具有导向作用，其内涵包括三个方面：一是不对商业活动设限，比如对于众创空间的支持、对于企业硬件的支持、建立共享型的硬件体系等；二是强调商业设施的成本必须下降，节约型的商业意味着数据资产和金融资产的流动最大化，而硬件资产的使用最大化；三是在移动商务方面致力于建立在移动端的商务系统和城市服务系统。因为城市综合体是城市经济发展的必然要求，所以下面以城市综合体的文化商业价值开发为例来说明商业文化在城市文化产业中的作用。

第一，城市综合体的文化价值。

城市综合体将彰显独特的都市文化特征作为项目开发的优先策略，让文化价值提高项目在城市竞争中的识别度，并提升消费者对访问地的期望值。因此，城市综合体的多元空间给人们带来了多样化的体验和感受，成为现代人传递信息、交流思想、娱乐和休闲的功能性场所。事实上，今天的城市综合体项目越来越多地引入了流行文化元素，强调建筑形式的叙事性，激活城市空间，为都市开发注入活力，并由此产生一系列人文、经济和环境的积极效果。

城市综合体的文化教育设施包括大学、公共运动设施、植物园、动物园、博物馆、艺术表演中心和青少年教育培训机构等。城市综合体为这些文化教育设施提供了拓宽市场、有效争夺顾客的机会，同时作为主力业态为项目定位赋予了地方特色、文化背景和教育意义。

在城市综合体中，儿童职场体验已经成为零售娱乐项目中极受欢迎的文化教育基地，在不断吸引儿童的同时，也吸引了儿童的父母去光顾成人设施，促成有效的交叉消费；运动场馆的建设和体育赛事为项目可持续发展带来了可观的收入；餐饮剧院的吸引力在于其独特的娱乐价值，使消费者一边就餐一边欣赏现场舞台音乐及各类表演；电影院毫无疑问是文化娱乐项目最基础的组成部分，尽管电影院与餐馆、零售店比起来单位面积的收益较小，但它在吸引"回头客"方面是无可替代的。

此外，城市综合体的办公、酒店、住宅位于零售、文化娱乐设施的上层，功能的垂直一体化与周围街坊生活状态的水平一体化，使得空间和氛围叠加，增强了项目的协同效应，打造了项目多样化的生活方式和引人入胜的体验感。

第二，城市综合体文化价值开发的影响因素。

影响城市综合体文化价值开发的因素主要包括政府、市场和消费三个层面。

表 9 - 4　城市综合体文化价值开发的影响因素

层面	影响
政府	城市综合体开发的成功与否，在于当地政府能否制订和实施一个协调各方利益的公共规划，建设充满活力和影响力的城市公共空间，提供充足的基础配套设施，如大面积的停车空间、大量的文化设施
市场	文化项目已经成为开发创造价值、规避风险和营造特色的一种战略竞争手段。文化项目作为重要的战略资源，对投资回报、税收增量和创造就业等都将产生深远的影响
消费	现代消费者越来越钟情于特征明显、功能多元化、有生机的城市景观。作为一种独特的功能业态，文化商业价值在城市综合体开发中必将丰富起来，并与零售店、主题餐厅和主题剧院和谐共存

随着我国特大城市居民收入水平的提高，文化特质必将融入城市综合体项目中；随着移动互联网的普及，城市消费行为正在发生深刻的改变。因此，探索和开发在电商网购冲击下综合运用现代信息科技的手段，实现线上和线下的充分互动与完善融合，创造高效率物联网基础上的具有云时代特征的未来城市综合体，是城市商业文化在新常态下的智慧选择。在互联网科技和中

国文化产业急速发展的背景下，如何定位符合当代人消费文化价值取向的城市综合体，越来越考验商业地产开发商和城市发展规划者的远见和智慧。

◎中国十大历史文化名城巡礼

泱泱大中华，历史悠久，疆土辽阔，而在这片土地上林立的那些历史文化名城，见证了多少朝代更迭，经受了多少战火洗礼，依然巍峨矗立。历史的长河，仿佛从未伤及其分毫姿态。缅古寻今，你对这些历史悠久、风姿绰约的文化名城了解多少呢？下面就带你去北京、南京、西安、洛阳、开封、大同、扬州、杭州、苏州、成都这中国十大历史文化名城巡礼。

表9-5　中国十大历史文化名城巡礼

城市	基本情况	资源
北京	是中国"四大古都"之一。自秦汉以来北京地区一直是中国北方的军事和商业重镇，名称先后为蓟城、燕都、燕京、涿郡、幽州、南京、中都、大都、京师、顺天府、北平、北京等。早在西周初年，周武王即封召公于北京及附近地区，称燕；又封尧之后人于蓟。后燕国灭蓟国，迁都于蓟，统称燕都或燕京。契丹于会同元年（938年）起在北京地区建立了陪都，号南京幽都府。贞元元年（1153年），金国皇帝海陵王完颜亮正式迁都北京，称为中都。后来，北京连续成为元、明、清最后三个封建王朝的都城。明永乐元年（1403年），明永乐皇帝朱棣攫取皇位后正式建北京城，这是"北京"一名的开始。新中国成立后，北京成了中华人民共和国的首都，是国家政治、经济、文化中心	北京拥有六项世界遗产，是世界上拥有文化遗产项目数最多的城市，是一座有3000余年建城历史、860余年建都史的历史文化名城，这里齐聚了56个民族的中华儿女，拥有众多历史名胜古迹和人文景观，如故宫博物院、颐和园、八达岭长城、十三陵、北京猿人遗址、圆明园等

城市	基本情况	资源
南京	古称金陵、建邺、建康、石头城等，是长三角及华东地区第二大城市，中国科教第三城，中国国家区域华东的中心城市。南京历史悠久，有着6000多年文明史、近2600年建城史和近500年的建都史，是中国"四大古都"之一，有"六朝古都"、"十朝都会"之称，是中华文明的重要发祥地	公元229年，三国东吴大帝孙权在此建都，改秣陵为建业（后于公元282年改建邺）。六朝时期的建康城是当时世界上最大的城市，人口达百万，是世界上第一个人口超过百万的城市，和罗马城并称为"世界古典文明两大中心"。1368年，明太祖朱元璋称帝，创建大明王朝，南京再次成为中国的政治文化中心，历时21年修建了35.3公里长的南京明城墙，是世界上第一大城垣。1912年元旦，中华民国临时政府在南京成立，孙中山宣誓就任临时大总统。孙中山先生曾经这样评价过南京：南京为中国古都，在北京之前。其位置乃在一美善之地区。其地有高山，有深水，有平原。此三种天工钟毓一处，在世界之大都市诚难觅如此佳境也。南京的著名景点有中山陵、鸡鸣寺、阅江楼、玄武湖、夫子庙、紫金山、明孝陵等
西安	西安城始建于西周，时因周文王和周武王分别建造的丰京和镐京而合称为"丰镐"。有周、秦、汉、隋、唐等在内的13个朝代在此建都，是中国"四大古都"之一，曾经作为中国首都和政治、经济、文化中心长达1100多年，是中国历史上建都朝代最多、时间最长的都城之一，古称长安、京兆。西安历史悠久，有着7000多年文明史、3100多年建城史和1100年多的建都史，与雅典、罗马、开罗并称"世界四大文明古都"，是中华文明和中华民族的重要发祥地、丝绸之路的起点	西安是中国最有古典气质的城市，名列旅行首选地前茅。西安的汉唐风范不仅存在于古迹里，还存在于每个人的生活中，即使你是初来乍到的游客，也能感受得到。西安的很多酒店、客栈，经常能够让人一推门就回到汉唐梦境中去。到西安想更深入地了解风土人情，秦腔是一定要听的。西安曲江的大唐芙蓉园也是感受汉唐文化精粹的好去处，回民风情坊似乎永远是西安美食的金字招牌

城市	基本情况	资源
洛阳	是联合国命名的世界文化名城，世界四大圣城（耶路撒冷、麦加、洛阳、雅典）之一。位于洛水之北，水之北乃谓"阳"，故名洛阳，又称洛邑、雒阳、神都。洛阳是华夏文明与中华民族的发祥地之一，中国"四大古都"之一。历史上从中国第一个封建王朝夏朝开始，先后有商、西周、东周、东汉、曹魏、西晋、北魏、隋等13个正统王朝以洛阳为都，拥有1500多年建都史，是中国历史上建都最早、朝代最多、历时最长的城市。另外，隋、唐等朝代都将洛阳视为陪都，有时皇帝（如武则天）就在这里上班临朝。"普天之下无二置，四海之内无并雄"，先后有100多个帝王在这里指点江山，因此有"千年帝都"之称。自元代始，洛阳不复为京，降为河南府治	洛阳境内山川纵横，西靠秦岭，东临嵩岳，北依王屋山和太行山，又据黄河之险，南望伏牛山，自古便有"八关都邑，八面环山，五水绕洛城"的说法，因此得"河山拱戴，形胜甲于天下"之名，有"天下之中、十省通衢"之称。道学、儒学、佛学、理学或渊源于此，或首传于此，或光大于此，以"河图洛书"为代表的河洛文化是海内外炎黄子孙的祖根文源。国花牡丹因洛阳而闻名于世，洛阳被世人誉为"千年帝都，牡丹花城"
开封	古称大梁、汴梁、东京、汴京，位于河南省东部，是我国八大古都和国务院首批公布的24座历史文化名城之一。历史上曾有魏、梁、晋、汉、周、宋、金七个王朝建都于此，史称七朝古都。再加上西汉时的梁国、后宋和明朝，又称十朝古都。历史上的开封有着"琪树明霞五凤楼，夷门自古帝王州"、"汴京富丽天下无"的美誉，北宋东京开封更是当时世界第一大城市	夏朝君主帝杼曾在开封一带建都232年，史称老丘。商朝曾在开封一带建都27年，史称嚣。公元前8世纪，春秋时期的郑庄公在今开封城南朱仙镇附近修筑储粮仓城，取"启拓封疆"之意，定名启封。汉初因避汉景帝刘启之名讳，将启封更名为"开封"，这便是"开封"的由来。开封是世界上唯一一座城市中轴线从未变动的都城，城摞城遗址在世界考古史和都城史上绝无仅有。开封是《清明上河图》的原创地，有"东京梦华"之美誉，是中国优秀旅游城市、全国双拥模范城、全国创建文明城市工作先进城市，也是河南省中原城市群和沿黄"三点一线"黄金旅游线路三大中心城市之一

续表

城市	基本情况	资源
大同	大同是山西省第二大城市、省域副中心城市、特大城市，位于山西省北部大同盆地的中心、黄土高原东北边缘，有"北方锁钥"之称。古称云中、平城。秦置平城县，北魏天兴元年于此定都，北齐天保七年改称恒安镇，北周置云中县，隋改为云内县，辽重熙十七年置大同县，为辽陪都，称西京，金朝时亦为陪都。明、清两代皆设大同府。1949年建大同市，属察哈尔省管辖，1952年划归山西省	大同是首批国家历史文化名城、中国大古都之一，境内古迹众多，著名的文物古迹包括云冈石窟、华严寺、善化寺、恒山悬空寺、九龙壁等。大同是中国最大的煤炭能源基地，国家重化工能源基地，素有"中国雕塑之都"、"凤凰城"和"中国煤都"之称
扬州	中国首批历史文化名城之一，古称广陵、江都、维扬等。古有"淮左名都，竹西佳处"。扬州被誉为"扬一益二"，有"月亮城"的美誉。扬州的建城史可追溯至公元前486年，历史悠久，文化璀璨，商业昌盛，人杰地灵。扬州环境宜人，景色秀丽，是联合国人居奖城市、中国人居环境奖城市、国家环境保护模范城市、中国和谐管理城市、全国文明城市、国家森林城市、中国温泉名城	扬州是风景秀美的旅游城。扬州旅游资源十分丰富，集北方妙景之雄，兼南方佳境之秀，被誉为"淮东第一观"、"竹西最佳处"。扬州园林始于汉代，唐代即"园林多是宅"。蜀冈—瘦西湖风景区是全国十大文明风景名胜区之一，以风光秀丽著称。特别是瘦西湖景区为我国湖上园林的代表，以其清秀婉丽的风姿独异天下诸湖
杭州	古时曾称临安、钱塘、武林等，杭州的"杭"字本意是船，专指大禹治水时乘坐过的船。杭州是五代时期吴越国和南宋的都城，为中国"七大古都"之一，是首批国家历史文化名城和全国重点风景旅游城市。古有"人间天堂"之美誉	杭州历史悠久，8000多年前就有人类在此繁衍生息；5000年前的余杭良渚文化被誉为"文明的曙光"，自秦代设县以来，已有2200多年的建城史。经过北宋150多年的发展，到了南宋时，开始进入鼎盛时期。元朝时曾被意大利旅行家马可·波罗赞为"世界上最美丽华贵之城"。如今的杭州正在以"城市东扩、旅游西进，沿江开发、跨江发展"为总体发展目标，由"西湖时代"向"钱塘江时代"大步迈进

城市	基本情况	资源
苏州	古称吴、姑苏、平江、苏州府等。由于苏州城内河道纵横，又称为水都、水城、水乡，13世纪的《马可·波罗游记》将苏州赞誉为"东方威尼斯"。苏州古城被法国启蒙思想家孟德斯鸠称赞为"鬼斧神工"。苏州历史悠久，是国家首批24个历史文化名城之一。苏州有文字记载的历史已逾4000年，是吴文化的发祥地和集大成者，历史上长期是江南地区的政治、经济、文化中心。苏州城始建于公元前514年，被认为是中国现存最古老的城市	在苏州发现了许多远古文化遗址，尤其是新石器时代晚期的良渚文化最为丰富，著名的赵陵山遗址1992年被列为全国十大考古遗址重大发现之一。苏州拥有中国第二大淡水湖——太湖3/4的水域面积。苏州以其独特的园林景观被誉为"中国园林之城"，素有"人间天堂"、"东方威尼斯"、"东方水城"、"上有天堂，下有苏杭"的美誉。苏州园林是中国私家园林的代表，被联合国教科文组织列为世界文化遗产
成都	成都历史悠久，文化底蕴深厚，是我国首批历史文化名城之一，有"天府之国"、"蜀中江南"、"蜀中苏杭"的美称。有着4500余年的文明史，2600年左右的建城史，近150年的建都史。据史书记载，大约在公元前5世纪中期的古蜀国开明王朝九世时将都城从广都樊乡迁往成都，构筑城池。三国蜀汉、五代前、后蜀及北宋李顺、明末张献忠等割据政权先后在此建都，唐朝和中华民国时曾作为临时首都而存在。北宋年间，成都人联合发行了世界上最早的纸币"交子"，官府在成都设立了世界上最早的管理储蓄银行"交子务"	关于"成都"一名的来历，据《太平寰宇记》记载，是借用西周建都的历史经过，取周王迁岐"一年而所居成聚，二年成邑，三年成都"而得名的。蜀语"成都"二字的读音就是蜀都。成都是"中国文化名城"和"中国最佳旅游城市"，承载着几千年的历史，联合国教科文组织创意城市网络授予它"美食之都"的称号

第十章　生态城市：探索可持续发展的生产和生活方式

生态城市是为了城市发展的可持续化，不断地从低层次向高层次的动态演进过程。可持续城市化的本质就是要从整体上把握和解决人与人、人与社会、人与经济、人与自然各个子系统之间，以及城市系统与周边区域等外部系统之间的协调发展问题，实现城市复合生态系统的最优化发展，最终提高人们的福利水平和生活质量。建设可持续化的生态城市，是城市规划与建设的目标。

◎ 生态城市的创建标准和建设内容

"生态城市"是在联合国教科文组织发起的"人与生物圈计划"研究过程中提出的一个重要概念。从广义上讲，生态城市是建立在人类对人与自然关系深入认识的基础上的新文化观，是按照生态学原则建立起来的社会、经济、自然协调发展的新型社会关系，是有效地利用环境资源实现可持续发展的新的生产和生活方式。从狭义上讲，生态城市就是按照生态学原理进行城市设计，建立高效、和谐、健康、可持续发展的人类聚居环境。

第一，生态城市的创建标准。

生态城市的创建应满足的八项标准如表10-1所示。

表10-1 生态城市的创建标准

序号	内容
1	广泛应用生态学原理规划建设城市，城市结构合理、功能协调
2	保护并高效利用一切自然资源与能源，产业结构合理，实现清洁生产
3	采用可持续的消费发展模式，物质、能量循环利用率高
4	有完善的社会设施和基础设施，生活质量高
5	人工环境与自然环境有机结合，环境质量高
6	保护和继承文化遗产，尊重居民的各种文化和生活特性
7	居民的身心健康，有自觉的生态意识和环境道德观念
8	建立完善的、动态的生态调控管理与决策系统

第二，生态城市的建设内容。

生态城市的八项创建标准决定了它的建设内容。

一是城市生命支持系统。城市生态系统的建设与发展取决于其生命支持系统的活力，包括区域生态基础设施（光、热、水、气候、土壤、生物等）的承载力、生态服务功能的强弱、物质代谢链的闭合与滞竭程度及景观生态的时、空、量等的整合性。重点在于四个方面，见表10-2。

表10-2 城市生命支持系统的建设

重点	内容
水资源利用	市区要利用各种节水技术，节约用水；雨水、污水分流，建设储蓄雨水的设施，路面采用不含锌的材料，下水道口采取隔油措施等，并通过湿地等进行自然净化。郊区要保护农田灌溉水；控制农业面源污染，禽畜牧场污染，在饮用水源地退耕还林；集中居民用地以更有效地建设、利用水处理设施

重点	内容
节约能源	建筑物要充分利用阳光，使用密封性能好的材料、节能电器等；开发永续能源和再生能源，充分利用太阳能、风能、水能、生物制气。能源利用的最终方式是电和氢气，使污染减到最小
绿色交通	发展电车和氢气车，使用电力或清洁燃料；市中心和居民区限制燃油汽车通行；保留特种车辆的紧急通道。通过集中城市化、提高货运费用、发展耐用物品来减少交通需求；提高交通用地的利用效率；发展船运和铁路运输等
绿地系统	打破城郊界限，扩大城市生态系统的范围，努力增加绿化量，提高城市绿地覆盖率和人均绿地面积，调控好公共绿地均匀度，充分考虑绿地系统规划对城市生态环境和绿地游憩的影响；通过合理布局绿地以减少汽车尾气、烟尘等环境污染；考虑生物多样性的保护，为生物栖境和迁移通道预留空间

二是人居环境建设。城市人居环境的表现形式是社区的格局、形态，人作为复合生态系统的主体，其日常活动对城市生态系统的建设起着重要作用。因此生态城市规划中强调社区建设，旨在创造和谐优美的人居环境。

表 10-3　人居环境建设

重点	内容
生态建筑	开发各种节水、节能生态建筑技术，建筑设计中开发利用太阳能、自然通风，使用无污染材料，增加居住环境的健康性和舒适性；减少建筑对自然环境的不利影响，广泛利用屋顶、墙面、广场等立体植被，增加城市氧气产生量；区内广场、道路采用生态化的"绿色道路"，如用带孔隙的地砖铺地，孔隙内种植绿草，增加地面透水性，降低地表径流
生态景观	强调历史文化的延续，突出多样性的人文景观。充分发掘利用当地的自然、文化潜力（生物的和非生物的因素），以满足居民的生活需要；建设健康和多样化的人类生活环境

三是生态产业发展。生态产业是按生态经济原理和知识经济规律组织起来的，基于生态系统承载能力，具有高效的经济过程及和谐的生态功能的网络型、进化型产业。它通过两个或两个以上的生产体系之间的系统耦合，使物质、能量多级利用、高效产出，资源、环境得到系统开发、持续利用。

表 10 - 4   生态产业发展

重点	内容
科学生产模式	生态产业注重改变生产工艺，合理选择生产模式。循环生产模式能将生产过程中向环境排放的污染物质降到最低程度，实现资源、能源的综合利用
科学的规划	生态产业规划通过生态产业将区域国土规划、城乡建设规划、生态环境规划和社会经济规划融为一体，促进城乡结合、工农结合、环境保护和经济建设结合；为企业提供具体产品和工艺的生态评价、生态设计、生态工程与生态管理的方法

四是注重环境教育。城市活动的最终主体是人，普及对各层次、各行业市民的环境教育是创建生态城市的重要保障，也是生态城市规划的一个重要方面。

表 10 - 5   环境教育

重点	内容
市场运作	为市场运作创造条件，通过与经济利益相结合，将环保事业推向市场
积极合作	创造合作的机会，如学校、机关和社区等，扩大社会影响
加强宣传	深入宣传生态思想，转化为每个人日常生活中的切实行动
保证执行	通过政策、法令强制执行

总之，生态城市的创建原则要从社会生态、经济生态和自然生态三个方面来确定。社会生态的原则是以人为本，满足人的各种物质和精神方面的需求，创造自由、平等、公正、稳定的社会环境。经济生态原则是保护和合理

利用一切自然资源和能源，提高资源的再生和利用，实现资源的高效利用，采用可持续生产、消费、交通、居住区发展模式。自然生态原则，优先考虑最大限度地保护自然生态，使开发建设活动一方面保持在自然环境所允许的承载能力内；另一方面减少对自然环境的消极影响，增强其健康性。

◎绿色生态城市"两低一高"指标

2014 年 2 月，习近平同志在北京考察时特别强调，首都规划要坚持"可持续发展"，让自然生态能够"永续利用"。这既与中共十八届三中全会提出的"绿色发展、循环发展、低碳发展"理念一脉相承，也再次将"绿色生态城市"这个概念提到了战略高度。通过建设绿色生态城市，减少对环境的污染，充分利用资源，实现低投入、低排放、高产出的"两低一高"的经济运行效果。

第一，基于循环经济的"两低一高"绿色生态城市建设途径。

绿色消费、循环利用是依据建设生态社会、循环经济理念、清洁生产的要求而形成的生态型生产消费模式。绿色生态城市要求城市主导产业应当是代表现代文明潮流和先进生产力发展方向的生态产业。因此要调整产业结构，大力发展生态产业，形成自然生态、经济生态、社会生态的和谐统一。循环经济也就是生态经济，只有大力发展循环经济，才能从根本上解决城市发展过程中经济增长与资源短缺之间的尖锐矛盾。

建设绿色生态城市，就要减少对环境的污染，充分利用资源。如通过建设生态产业园区，用物流或物质传递等方式把不同工厂或企业连接起来，共享资源和副产品，遵循资源、产品、再生资源的循环经济模式，实现低投入、低排放、高产出的"两低一高"的经济运行效果，是建设资源节约型、环境友好型城市的有效途径。

同时，积极倡导和强化社区居民绿色消费意识，通过大力宣传和一些强有力措施引导居民增强厉行节约、反对浪费的绿色消费意识，带动居民节约煤、电、油、气、粮等能源与资源，大力推广太阳能、节能灯和节能产品，减少能源消耗，积极创建资源节约型社会。

第二，做好区域绿地规划。

区域绿地规划在绿色生态城市建设规划中具有举足轻重的作用。构建城市绿地系统体系应当对区域绿地现有规划和保护情况进行分析，严格控制城市生态网络和生态格局的重要片区，争取实现区域绿地的高覆盖率。应当将区域绿地的规划建设纳入城市绿地规划建设体系当中，形成全市范围内的生态安全格局。可以将城市绿地板块、廊道和区域绿地相连，从而形成绿地网络，构成绿地系统。

区域绿地规划包括15类用地：郊野公园、森林公园、风景名胜区、岸线绿带、消落带、大中型水库及沼泽、结构性补偿绿地、自然遗产、自然灾害易发区、基础设施防护带、地质地貌景观区、山体保护区、饮用水源保护区、自然保护区以及其他区域绿地。中心城区着重建设"多链、多点"结构链式绿地，与城市内部的风景绿地、生产林地和防护林地相结合，形成城、林、山、水融为一体的城市绿地生态系统，从而确保生态宜居城市规划建设的生态背景。

第三，城市景观规划。

尊重人、尊重自然、尊重文化，是绿色生态城市景观设计的三大原则。城市景观设计应融生态环境、城市文化、历史传统与现代科技、现代理念、现代生活于一体，塑造现代文明。构成城市景观的基本要素有路、区、边缘、标志、中心点，它们是城市图像的骨架，应使它们有机结合，相互协调，创造出新的、鲜明的景观。城市的空间天际轮廓线是城市的远景，是城市生命的体现，同时也是城市潜在的艺术形象，一定要规划好；要做好主要街道景观设计；在重点做好高层、超高层建筑景观设计的同时，适当进行低层的景观设计；园林景观设计的重点是要做好沿江、河、湖等岸边林带以及城市公园、城市广场的景观设计。

我们既要金山银山，又要绿水青山。"两低一高"是绿色生态城市的重要指标，必须落到实处。这不仅需要政府、科研单位和建设企业的投入，更需要技术人员、企业家和城市居民等全社会的共同关注。

◎ 绿色生态城市的生态资源配置

有青山绿水，有宜人气候，有清新空气，这就是绿色生态城市吗？事实上，在一座城市内部，资源得到高效配置，才是真正意义上的绿色生态城市。资源高效配置不需要绿色生态城市有宽阔的马路，不需要有众多的广场公园，根据一定人口密度配置基础设施，效率才会大幅度提高，从而降低基础设施建设投入的成本，避免资源浪费。

那么，如何调整发展模式和踏入绿色生态城市的发展路径呢？对资源使用的重新配置是生态城市建设的重要抓手和实现路径，包括利用新能源、实现资源节约及发展循环经济，这些方式具有明显的指向性。

第一，资源节约型。

当前，发展中国家工业化和城镇化进程加快，对能源资源的需求大幅上升，能源资源消耗强度比较高，特别是有些国家由于经济基础薄弱，粗放型的增长方式还没有得到根本转变，高投入、高消耗、高污染、低产出的情况依然普遍，加剧了能源资源的紧张状态和环境压力。资源环境约束和经济快速增长的矛盾，已经成为世界经济社会发展面临的严峻挑战。资源节约是缓解当前能源供求矛盾的基本手段，是从源头上改善生态环境的基本举措。

英国贝丁顿"零能耗发展"项目发现的贝丁顿"零能耗发展"社区，被誉为英国最具创新性的住宅项目，其理念是在不牺牲现代生活的舒适性的前提下，建造节能和环保的和谐社区。贝丁顿"零能耗发展"社区的"零能耗"得益于两大特色，一是按照节能原则设计的建筑物，二是社区能耗来源于内部的可再生能源。具体操作时主要通过下述三个环节来实现：一是建筑节能，建筑师通过各种措施减少建筑的热损失，并尽可能使用太阳能获得热量。二是热电联产系统，满足必需的能源需求。三是"绿色交通计划"减少居民汽车出行的需要。

第二，能源替代型。

早在 20 世纪 70 年代的两次石油危机之后，新能源的开发和利用就成为发达国家的重要战略。近年来，太阳能、风能的开发利用速度和效率越来越高。太阳能、风能等都属于清洁能源，由于它在生产能源过程中不产生或极少产生废物、废水、废气，因而极大地减少了对自然生态环境的污染。据预测，替代能源和原材料的开发利用将成为下一轮科技革命的起点，也将成为世界经济下一个繁荣周期的起点。

使用替代能源作为生产生活资料比较典型的案例集中在德国。德国许多地方都要求生态村中使用的能源，必须有 50% 为像太阳能这样的清洁能源。因此，大面积安装太阳能装置，采用高效、清洁的太阳能成为德国生态村建设中的一个显著特点。这些生态村在外观形态上大多数以连排住宅为主，同独立式住宅相比有利于采用密集型热力网，节能实用。在价格上，德国太阳能装置加设备约值 8000 马克，这对一个面积为 200～250 平方米的住宅来说，相当于每平方米造价增加了 32～40 马克。在节能减排上，以汉堡的生态村为例，该地区的太阳能集热装置及地下保温水池为生态村居民提供了50%以上的热能，仅此一项每年可节电8000千瓦时，可少排放158吨二氧化碳。

第三，发展循环经济。

发展循环经济是从输出端解决生态环境问题，要求生产出来的物品在完成其基本功能后能够被重新利用，成为可再生资源。循环经济以"减量化、再利用、资源化"为原则，通过资源高效和循环利用，实现污染的低排放甚至零排放，保护环境，实现社会、经济与环境的可持续发展。循环经济是把清洁生产和废弃物的综合利用、资源节约和能源替代融为一体的新型生态经济。

目前循环经济已经得到普遍认同，但是由于循环经济产业链的特殊性，它很难大规模地推广并付诸实施，因此，发展循环经济主要采取生态产业园区的形式，将园区内一个工厂或企业生产的副产品作为另一个工厂的投入或者原材料，通过废物交换、循环利用、清洁生产等手段，形成类似于自然生态食物链过程的"产业生态系统"。

从经济学角度来理解，生态化是一种最高效率的资源配置模式，无论是空间资源的密集度，还是出行、消费的方便程度及城市生产、生活的规划设计都要经过反复考量。绿色生态城市建设是一个长期的、渐进的过程，也是工业化、城镇化之后城市发展的新目标、新要求。上述比较成功的案例，不仅为我们提供了良好的经验借鉴，也为城市发展提供了参照。

◎ 以科学规划引领城市生态园林创建

生态城市是人类理想的栖息地，人们采取不同的方式、途径，就是为了实现"生态城市"这一目标。要实现生态城市这一战略目标，必须将以科学规划引领城市生态园林创建作为生态城市发展的指导精神。

城市生态园林的要求是经济繁荣，市民物质生活和精神生活富足，衣食住行方便；城市建筑及构筑物与自然环境有机融合，合理分布，相得益彰；人与动植物相亲相近，和谐共存。城市生态园林的特征是到处绿荫掩映，风清水净，楼台与山水相依，人类与花鸟为伴，充满诗情画意和生机活力。为此，应该将城市景观规划、城市园林建设与绿色生物系统工程结合起来。

第一，遵循城市生态园林景观规划原则。

表10−6　城市生态园林景观规划原则

原则	内容
尊重自然，生态优先；以人为本，体验为先	要建成城市生态园林，仅依靠建设绿地是不行的，应解决好保护和利用、改造和恢复的关系，保护生态系统，利用自然环境，在经济政策制订及城市建设中，避免以损害环境利益为代价的经济短期增长模式及不合理的城区过度开发，保证城市生态系统物质生产、能量流动高效畅通。城市绿地的服务对象是市民，其最终的目的是为市民创造愉悦身心的美好体验，规划最终要以实施为手段，以体验为目的
系统整合，城乡一体；景观分区，风情各异	将城市绿地系统化，实现整体效益大于局部效益之和的绿地效应。将城市绿地系统和生态园林绿化紧密联系，把城市当成一个大花园进行规划、建设和管理，形成城乡一体的优良生态环境。根据现有自然环境条件，规划出不同的景观分区，各区在服从整体的前提下，形成本区个性化的自然、文化风貌
绿园隔离，森林围城；经济绿地，健康绿地	以绿地为点，以生态植物为线，以城区及城郊自然植被为面，让城市融于郁郁葱葱的森林之中，融于自然的田园之中。规划中应注意协调经济建设、生态环境和土地利用三者间的关系，通过合理利用土地，使经济建设和生态环境建设相互促进，以环境带动经济，以经济促进环境。在植物树种规划中，突出"健康绿地"的概念，即选择适宜在本地生长的植物品种，以形成生机勃勃、绿意葱茏的健康植物景观

第二，把握"适用、经济、美观"的规划要点。

一般情况下，园林设计先要考虑"适用"的问题。所谓"适用"，一层意思是"因地制宜"，具有一定的科学性；另一层意思是园林的功能适合服

务对象。在确定"适用"的前提下，其次考虑的是"经济"问题。实际上，因地制宜本身就减少了大量投资，也解决了部分经济问题。经济问题的实质是如何做到"事半功倍"，以最少的投资获取最大的收益。在"适用"、"经济"的前提下，尽可能地做到"美观"，即满足园林布局、造景的艺术要求。在某些特定条件下，美观要求会被提到最重要的地位。实质上，美、美感本身就是一个"适用"的问题，也就是它的观赏价值。

在园林设计过程中，"适用、经济、美观"三者之间不是孤立的，而是紧密联系、不可分割的整体。单纯地追求"适用、经济"，不考虑园林艺术的美感，就会降低园林艺术的水准，失去吸引力；如果单纯地追求"美观"，不考虑"适用"或"经济"问题，就可能缺乏经济基础而导致设计方案成为一纸空文。所以，园林设计工作必须在"适用"和"经济"前提下，尽可能地做到"美观"，最终形成科学合理的规划方案。

第三，遵循现代城市生态园林绿地的科学标准。

根据生态系统理论，园林工作者在进行城市规划与建设时，应对一些体现环境质量的园林科学数据进行衡量（见表10-7）。

表10-7　现代城市生态园林绿地的科学标准

标准	内容
功能标准	必须把维护居民身心健康、维护自然生态作为园林的主要功能来评价
经济与高效标准	强调用最少的投入来保护自然生态，满足居民身心健康需要；强调有效地利用有限的土地资源，减少化肥、农药的使用
循环与再生标准	强调利用生态系统的循环和再生功能，构建城市园林绿地系统，节约不可再生资源
生物多样性标准	城市园林绿地系统是生物多样性保护的最后堡垒之一，应节制外引物种，保护和发展本土物种
地方特色标准	园林绿地是地方精神的保存地，对地方精神的表达绝不仅限于形式而更在于内涵。因此，地方的自然和文化的历史过程，要在园林中形成特色

续表

标准	内容
整体与连续性标准	不应将园林绿地作为一个独立的游赏空间，而是当作居民生活空间和自然环境的连续体来设计和管理

科学规划城市生态园林并将其付诸实施，不是一任政府就能完成的事情，而是每一个城市负责人必须研究、面对、选择的问题。